인생은 투 트랙

문단열 대표의 전업일기

인생은

투 트랙

문단열 지음

실패를 통해 조금 먼저 알게 된 것들

코로나19 팬데믹이 마무리되어가는 지금도 여전히 우리는 정신없는 변화 속에 있다. 이런 시대에 우리는 무엇을 할 수 있으며 어떤 마음가짐과 사고의 틀을 가져야 할까.

무자본 창업으로 새로운 도전을 시작한 이래, 나는 거의 하루도 빠짐없이 당황스러움을 느꼈다. 매일매일 닥치는 일들에 대해 어떻게 이해하고, 어떻게 대응하며 이겨내거나 수용했는지 기록으로 남기고 싶다는 마음도 그래서 들었던 듯하다.

그때부터 페이스북에 '중년창업일기'라는 제목으로 간간이 글을 적어오는 동안 4년여의 세월이 흘렀다. 처음 쓰기 시작한 것이 2019년경이었는데 벌써 2023년이 되었다. 그 사이 감사하게도 사다리필름은 여섯 배 정도 성장했다. 여섯 배라고는 해도 회사가 엄청나게 커진 건 아니다. 워낙 작게 시작했으니까. 두 사람이 카페 구석에서 창업했던 게 이제야 제대로 된 업장을 가진 회사로 성장한 정도다.

코로나19의 환경에서 사업을 한다는 건 사실 큰 도전이었다. 그 이전부터 사업을 시작하긴 했으나 팬데믹과 함께 소비 심리가 곧장 얼어붙으면서 영상 주문이 급전직하했기 때문이다. 하지만 우리는 광고영상의 수요 회복을 기다리기보단 그 기대감을 과감히 접고 교육영상 쪽으로의 방향 전환을 결정했다.

그러자 오히려 주문이 늘어났다. 코로나로 집체교육이 불가능했던 기업체들이 영상교육으로 교육 방식을 바꿔야만 했기 때문이다. 사다리필름도 그 덕에 파도에 휩쓸려 가라앉지 않고 서핑을 하며 이겨낼 수 있었다.

그러면서도 나는 '영상제작'이란 업종이 갖는 한계에 대해 길게 고심했다. 사실 현대의 영상제작이란 건 디지털 기술의 산물인데, 기술변화의 파도가 출렁이는 오늘날 이 산업 자체가 언제 어느 순간 사멸해 버릴지는 아무도 모르는 일이니까.

그 고심의 결과물로 최근엔 'AI 기술을 활용한 영상기획' 교육과정을 마련했다. 무엇이든 모두 변화하는 세상이지만 그에 적응하려는 사람들의 욕구, 그리고 그것을 채우는 교육은 절대 변하지 않을 거라는 생각에서였다. 그리고 그 시도는 작지만 나름 성공적인 결과를 보이며 성장일로에 있다. 이런 면에서 보자면 사다리필름은 사실상 두 번의 '피보팅pivoting', 즉 자신이 가진 역량을 기반으로 시장과 조응해 업태를 전환함으로써 두터운 변화의 얼음을 쇄빙선처럼 부숴나가는 노력을 기울이는 중이라 할 수 있다.

사실 내겐 여러 번의 사업 실패 경험이 있다. 제대로 된 사업 운영에 대해 무지했던 탓도 있었고, 될 법했던 일도 젊은 시절의 호기 탓에 스스로 그르친 경우도 있다. 그러다 늦은 중년의 나이에 다시금 창업을 했다. 마치 바다에서 돌아왔다가 다시 항구로 나가는 노인의 마음으로.

그리고 그때부터 시작해 시장과 씨름하고 있는 지금까지, 나는 여러 종류의 고비에서마다 작은 교훈들을 얻었다. 그것들이 어쩌면 나와 비슷한 처지에 있는 많은 분들에게 작게나마 도움이 될 수도 있을 것 같아서 책으로 엮어볼 생각을 감히 하기에 이르렀다.

"당신이 뭔데 이런 걸 가르치냐"고 할 분들도 있을 수 있다. 하지만 꼭 마스터급 전문가만이 콘텐츠를 만들 수 있는 건 아니라고 생각한다. 수능을 앞둔 고 3 학생이 귀를 기울일 대상에는 입시 전문가들도 있지만 바로 그 전년도에 대학 입학에 성공한 1년 선배의 조언도 있을 테니까.

이 책은 조금 전에 '창업'이란 일을 겪은 동네 선배의 경험담 같은 이야기를 담은 책이다. 그와 동시에 이전엔 전혀 겪어보지 못한 미지의 분야로 나아가는 중년의 도전기이자, 뒤늦게 발견한 '업'의 글자를 구체화시켜가는 기록이기도 하다. 겪은 이의 잉크가 아직 채 마르지 않은, 방금 막 그것을 겪은 이의 기록 말이다.

중년은 '아무거나 막 해보는 청년'과 '확실한 게 없으면 움직이지 않는 노년'의 두 마음 사이에서 갈등하는 존재다. 살아온 날들의 기억이 살아갈 날들에 대한 도전의 발목을 매일 잡았다 놓았다 하는 상황에 놓인 존재. 그래서 '나'라는 중년은 이런 일기를 쓰면서 매일 그 족쇄를 풀려고 했다.

2023년 7월

문단열

차례

다시 사업하는 마음

직원이 한 명이어도 당신은 사장

회사는 가족인가

프로들의 일터이자 놀이터

'쓸데없이 고퀄'인 전략을 지속하는 이유

당신의 사업 미래가 있는 곳

'열심히'를 모토로
보란 듯이 뛰어온 나.
하지만 이 두 단어엔
나도 없고 목적지도 없다.
이 둘이 아니라면
난 어떻게, 무엇을 해야 할까?

1장

다시 사업하는 마음

나는 무엇을 하는 사람인가

"뭐 하시는 분이세요?"

한국인 대부분은 '업業'이 아닌 '직職'을 좇는다. "저분은 뭐 하시는 분인가요?"라 물으면 "삼성에서 팀장하세요"란 식의 답이 돌아온다. 동문서답이다. 이 질문에 대한 대답은 '빵을 굽는다' 아니면 '탱크를 만든다' 같은 내용이어야 한다. '업'을 물었으니 '업'으로 답해야 한다는 뜻이다.

안타깝지만 직장을 10년 이상 다니고도 "당신은 뭐 하시는 분이세요?"란 질문에 즉각 답하지 못하는 분들이 많다. 자신이 평생 추구해 온 '업'이 무엇인지 몰라 아리송한 탓이다. 대답 대신 "직장을 여러 번 옮겼는데 어떻게 일정한 업을 말할 수 있겠어요!"라고 항변하는 분들도 있을 수 있다. 하지만 이 역시 틀린 답이다. 여러 번 옮긴 것은 '직'이지 '업'이 아니고, 따라서 일터가 달라져도 '업'은 계속될 수 있으니까.

보다 확실하게 이해하고 싶다면 예를 들어 생각해 보자. 앞의 질문에 누군가 "저는 자동차를 만드는 사람입니다"라고 대답한다면 이 사람의 '직'은 무엇일지에 대해서 말이다. 현대차, 기아차, 혹은 외국계 자동차 회사에 다니고 있거나, 또는 이 회사들을 모두 거쳤거나, 어쩌면 대림대학교 자동차학과에서 근무하는 분일 수도 있을 것이다.

초등학생도 이해할 수 있는 이런 간단한 이야기를 구구절절 하는 건 슬프게도 우리 중에는 스스로 자신의 '평생 업'이 무엇인지 모르는, 그래서 대답할 수 없는 사람이 부지기수이기 때문이다.

'중년창업일기'라는 제목으로 페이스북에 글을 쓰고 유튜브 채널 '다시당(다시 시작하는 당신을 위해)'까지 운영 중이다 보니 많이 받는 질문이 있다. '왜 하필 창업에 대해 이야기하느냐'는 것이다. 사업자를 등록하려는 사람에게 반드시 해야 할 말이 있어서냐는 질문이겠다.

아니다. '창업'이라고 했을 때의 그 '업'은 바로 여기에서 이야기하려고 하는 그 '업', 평생 내가 추구하는 일의 테마다. 그 '업'의 선언문에는 내가 왜 이 일을 하는지, 어떻게 이것이 일로 성립되는지, 무엇을 함으로써 그 '업'을 완성으로 이끌 수 있는지가 명확히 담겨야 한다.

미사일을 연구하고 만드는 사람을 예로 생각해 보자. 앞서의 질문에 이 사람은 "저는 미사일을 만듭니다"로 간단히 답할 수 있을 것이다. 하지만 자신의 업을 제대로 인식하고 확정한 사람이라면 이렇게도 답변할 수 있다.

"저는 미사일광입니다. 그런데 화학공학을 전공해서 이 분야 연구로 돈을 벌어요. 저는 주변 강대국들이 한국의 현무 시리즈 미사일 때문에 한국을 넘보지 못하는 그날을 꿈꾸며 일합니다."

나는 실제로 이렇게 답하시는 분을 본 적이 있다. 그리고 이분은 당연히 창업이 완료된 분이다.

그렇다면 과연 창업이란 뭘까? 나는 '왜why'와 '어떻게how' 그리고 '무엇what'을 확실하게 갖고 있는 것이 창업이라고 생각한다. '왜'는 그 일을 하는 자신의 동기를 설명한다. "이러이러한 점이 좋아서 이 일을 합니다"에 해당한다고 보면 된다. '어떻게'는 시장의 수요와 자기 취향의 접점을 보여준다. 그 접점이 있어야 돈을 벌고, 돈을 벌어야 업이 지속될 수 있다. 마지막으로 '무엇'은 그 업이 궁극적으로 향해야 하는 목표다.

이 세 가지가 담겨 있는 것이 곧 창업이다. 내가 있고, 시장이 있고, 목표가 있으면 산학 연계 스타트업에서 인턴 자리를 잡은 대학생도 창업에 성공한 것이요, 아이스크림 가게에서 일용직으로 일하는 사람도 창업에 성공한 것이다. 일정한 직업 없이 동대문 시장에서 옷 떼 가려고 어슬렁거리던 어떤 분도 결국 E그룹의 회장이 되셨다고 하지 않던가.

창업을 해놓고도 헤매는 이유

"그토록 원했던 창업을 했는데 오히려 저는 그 이후로 계속 헤매고 있습니다. 이유가 뭘까요?"

가끔 이런 질문을 받기도 하는데, 결론부터 말하자면 창업이 안 된 거다. 물론 취직 전부터 이미 창업을 완료한 분들도 있다. 가르치는 게 재미있어서(왜) 과외로 돈을 벌면서(어떻게) 사용자 개개인에게 맞춰 진행하는 교육 시스템(무엇)을 만들겠다는 목표로 일하는 중인 사람이 있다면 그 예가 될 것이다. 하지만 사업자 등록을 내고 주식회사 설립까지 다 해놓았음에도 아직 창업이 안 된 경우 또한 허다하다.

출발은 했는데 목적지를 못 찾는 상태를 '방황'이라고 한다. 당신은 지금 방황하고 있지 않은가. 사업의 이유와 방법이 준비되지 않았는데 왜 시작부터 했을까. '일단 발사, 사후 조준'이라는 선후 관계는 '왜'와 '어떻게'가 명확한 이들에게 해당되는 이야기다. '내 마음 나도 몰라' 같은 상태에서 하는 도전은 방향을 잃은 허무한 놀이로 끝나기 일쑤다.

자신이 왜 이 길을 가는지도 모르면서 들어선 것은 우습게도 남들이 다 가기 때문이지 않았을까? 아니면 남들은 벌써 대기업도 두 군데나 합격했고, 언론사에 척척 붙고, 벤처 투자로 수십 억을 벌었는데 그와 달리 가만히 있는 내가 너무 초라하게 느껴져 조급한 창업을 시작한 것은 아니었나?

한 번쯤 냉철하게 자문해 볼 필요가 있다. 혹시 '업'이 아닌 '직'을

'창'한 건 아닐까? 뭔가 그럴듯해 보이는 분야의 타이틀, 뭔가 있어 보이는 수준(강남의 50평 사무실에 직원이 열다섯 명 있다는 등)의 '직'을 만들어낸 건 아닌지 묻는 것이다. 아무 흥미나 소신 없이 그저 점수만 따라서 결정했던 대학 진학, 보여주기 식의 첫 취업이 그랬듯 말이다.

창업을 해놓고도 헤매는 상태라면 제대로 된 창업이 아니었을 가능성이 높다. 사업에는 고난이 필수로 따라붙는다. 하지만 이유를 모르는 고생의 말로^{末路}는 폐업일 뿐이다.

이런 소리를 하는 내게 배부른 소리 한다고 할 분도 많겠다. "소상공 창업은 목구멍에 풀칠하려고 하는 거지, 자기 취향을 고려해 가면서 상품을 만들면 누가 써주겠냐"면서.

하지만 가슴에 손을 얹고 엄밀히 따져 생각해 보자. 우리는 자신이 끔찍하게 하기 싫은 일을 얼마나 지속할 수 있을까. 매일 15시간씩 공부하겠다며 책상 앞에 앉아 지내던 학창 시절, 하루 중 실제로 공부에 쏟은 건 몇 시간이었을까. 고 3이라는 이유로 게임 안 하고, 연애 안 하고, 자기가 좋아하는 스포츠 중계도 전혀 안 본 사람이 있긴 할까. 대입 시험에서 만점 받은 학생들은 그렇게 살았을까(사실 이건 잘 모르겠다. 학력고사 만점을 못 받아봐서).

누가 뭐래도 우린 삶의 준엄한 생존 명령 앞에서도 '좋아하는 일'만 지속할 능력이 있는 존재들이다. 그리고 지속되지 않은 것은 쌓이지 않으며, 쌓을 수 없는 것은 생업으로 삼기에 부적절하다. 처자식도 내가 좋아하는 일을 해야 먹여 살리는 거다. 그러니 문제는 업의 종류에 있는 것이 아니다. 자신이 선택한 업의 특성 중 내가 좋아하는 부문에서 일하면 되니 말이다.

나의 업, 아는 걸 나눠 격차를 줄이기

평소엔 나의 이야기로 시작해 독자의 삶으로 흘러 들어가길 바라며 원고를 쓰지만 오늘은 그 순서가 거꾸로다. 돌직구 꼰대가 내놓는 충조평판('충고와 조언, 평가와 판단'의 뜻으로, 정혜신 박사가 『당신이 옳다』에서 표현했다)의 집약판 같은 글을 쓴 건 그동안 하도 많이 봤기 때문이다. 목적지를 모르고 소떼에 떠밀려 길을 떠나버린 청춘들, 그리고 트럭들이 살벌하게 달리는 고속도로 위에 고장 난 차량처럼 적치물이 되어 멈춰 서버린 중년의 인생들을.

"그럼 그렇게 이야기하는 너의 '업'은 도대체 무엇이냐"고 물으신다면 이렇게 답하겠다.

"앞서 이야기한 이유로 인해 내가 한 발 먼저 알게 된 것들을 조금이라도 나누는 것, 그리고 이를 통해 그전엔 '어쩔 수 없다'고 여겼던 격차를 줄여보는 것"이라고.

나는 인생의 전반전을 영어 격차 english divide 해소에 바쳤다. 영어는 사실 모든 한국인의 일상에 필요한 것은 아니지만, 그럼에도 잘 못하면 어딘가 모자라는 사람 취급을 받기 일쑤다. 그런 영어를 '이젠 어쩔 수 없다'며 포기하려는 이들에게 나는 내가 아는 것을 나누어줌으로써 영어에 숙달된 이들과의 격차를 줄이고자 했다.

그리고 이제는 코로나와 시대변화의 풍랑 속에서 맨땅에 피나게 박치기하며 다시 쌓아올린 창업의 현장 지식을 나누고 싶다. 갈 길 잃고 헤매는 500만 소상공인과 함께 말이다. 대기업과의 격차를 조금이나마 줄이는 데 내 이야기가 도움이 되길 바라는 마음으로.

혹여 어떤 분이 "당신은 대기업의 일도 하고 있지 않냐"고 물으신다면 '세계적 기업과의 격차를 줄이기 위해 고군분투하는 대한민국의 동량棟樑격 기업들에게 업그레이드 패치 역할을 해줄 정보·교육 영상을 만드는 것'조차 지금 나의 '업'이 되어 있다고 변명하겠다.

자, 그러니 당신도 한번 자문해 보자. 당신의 업은 무엇인가?

공부할 적기란 따로 없다

'촬영, 연출, 편집, 마케팅, 코딩'의 공통점

주식투자를 안 해본 사람들이 읊조리는 상식 중엔 "쌀 때 사서 비쌀 때 판다"라는 게 있다. 하지만 해본 사람들은 이게 얼마나 어려운지 안다. 쌀 때와 비쌀 때는 회고적 고백일 뿐, 당시의 가격은 싸지도 비싸지도 않은 적정가였기 때문이다.

다들 비관적 태도가 되어 침을 뱉으며 증시를 떠나는 상황이라면 싸도 싼 것이 아니고, 시뻘겋게 시황이 달아올라 연일 최고치를 경신하는 중이라면 비싸도 비싼 것이 아니다. 그러니 "쌀 때 사서 비쌀 때 팔아라"는 그런 시점들이 다 지나고 나서 할 수 있는 말이다. 그러니 지금 시점에선 싼 것도 비싼 것도 없다.

그런데 주목해야 하는 건 이것이 주식투자에만 해당되는 이야기가 아니라는 점이다. 공부도 마찬가지기 때문이다.

촬영, 연출, 편집, 마케팅, 코딩. 서로 무관해 보이는 단어들은 내가 지난 10년 동안 배운 것들이다. 어떤 건 이제 프로 수준에 이르러 먹고사는 수단이 되었고, 또 어떤 것은 그 주변 기술에 도움을 주고 있다.

이런 내게 지인들은 "대단하세요!" 한다. 그렇게 바쁜데 언제 그것들을 다 배웠냐고. 나이가 환갑 근처인데 어떻게 그런 걸 시작했냐고. 이에 대한 내 대답이 실은 좀 웃길 거다. 바쁜데 배운 게 아니라 한가해서 배운 거고, 희망이 보여서 배운 게 아니라 절망적이어서 공부한 것이니.

주식은 '쌀 때' 사라는 말이 공염불이듯 '공부할 적기' 같은 건 없다. 나를 찾아주거나 내게 희망이 있다 생각하는 이가 누구 하나 없었던, 인생 무대의 암전 같은 어둠 속에서 나는 그저 아무 기약 없이 저것들을 공부했다. 왜냐하면 그때가 바로 내 시간의 시가가 가장 쌀 때였기 때문이다.

쌀 때의 명함은 절망

검은 옷을 입은 어두운 얼굴의 신사가 쇳덩어리로 만든 명함을 건넨다. 그 명함에는 '절망'이라고 새겨져 있다. 이 명함이 너무나 무거운 탓에 사람들은 무언가 할 수 있다는 생각을 하지 못한다. 일단 패닉에 빠지고, 그다음엔 분노하다가, 마지막으로 슬퍼하며 술잔만 기울인다. 무기력한 어깨를 늘어뜨리고 하루를 보내면서 희망의 조각구름을 찾으려 한다. 그러다 어느 날엔가 희망이 찾아오고, 다시 바빠지기 시작하면 "공부할 시간이 없다"고들 한다.

자신에게 투자할 시간은 싼 주식에 투자할 시점과 하나도 다를게 없다. 주식투자로 거부가 된 투자 귀재들이 하나같이 하는 말이 무엇인가.

IMF가 오고, 글로벌 금융위기가 오고, 코로나19가 잔뜩 퍼져 모두 절망의 나락으로 떨어질 때, 그때가 바로 '투자 적기'라는 거다. 그런데 정작 이럴 땐 아무도 주식시장에 들어오지 않는다. 그저 때가 왔음을 간파한 투자 귀재들만이 거금을 들고 걸어 들어가 휴지조각이 된 주식을 사고, 그렇게 수십 수백 배의 이익을 올린다.

내게 하는 투자의 적기라는 게 이것과 어떤 점에서 다를까. 잘나갈 때는 버는 돈과 신나는 기분을 향유하느라 스스로에게 투자하지 않는다.

자신에게 투자할 최적기, 인생의 매수 포인트는 '실망의 때'이고 그보다 더 좋은 타이밍은 '절망의 때'다. 검은 옷의 신사는 절망의 명함을 건넨 뒤 유유히 나를 스쳐 지나가지만, 멀어지는 그의 등에는 '인생 최대의 기회'라고 쓰여 있다. '왜 그때 공부하지 않았을까……'라는 후회를 당신은 오늘도 만들고 있는 중일지 모른다.

창업은 '가장 쌀 때' 내 회사를 사는 것

태어날 때부터 창업을 하고 싶었지만 죽을 때까지 하지 못했다면 그 이유는 필연 준비가 안 되어서이리라. 기회는 준비하는 자가 아니라 일단 하는 자에게 찾아온다.

지금 완벽의 경지에 이른 세계적 기업들이 처음부터 완벽한 사무실을 갖추고 완벽한 자본을 업고 완벽한 인재를 거느리고 시작한 건 아니지 않은가. 죄다 창고 등 허름한 공간에서, 혹은 그마저도 없이 시작했다는 건 이제 삼척동자도 수없이 들어봤음직한 이야기가 되었다.

노인은 희망을 보고 행동을 시작하고, 청년은 행동을 하다가 희망을 본다. 그렇다면 그냥 뭔가를 하는 사람은 누구인가. 시간이 널널한 사람들이다. 그런 사람이 누군가. 백수다, 절망에 절어 있어야 할.

공부할 적기란 건 없듯이 창업할 적기 같은 것도 원래 존재하지 않는다. 아무도 날 찾아주지 않을 때, 번듯한 직장에서 날 받아주지 않을 때, 쥐꼬리 봉급으론 어차피 희망이 보이지 않을 때, 그 시점이 바로 창업을 해야 할 때다. 당신이 세울 회사가 주식이라면 그것이 가장 쌀 때는 그때니까. 짐 로저스처럼, 워런 버핏처럼 성큼성큼 걸어 들어가 가진 것 모두 털어 지분을 확보해야 할 때니까.

우리는 왜 주식 매수 타이밍만 공부하는 걸까. 주식보다 더 소중한 것은 자기 자신인데 말이다.

아무도 내 재능을 못 알아본다면

미국의 영화배우 벤 애플렉은
슬럼프 기간 동안 아무도 자신에게 배역을 주지 않자
스스로 연출, 주연을 맡고 투자자를 구해
2013년 영화 〈아르고〉로 아카데미 작품상을 수상했다.
당신의 재능이 발굴되는 경우로는 두 가지만이 있을 뿐이다.
억세게 운이 좋은 경우 아니면 혼자 다 하는 경우.

1,000대의 채찍질

2주에 한 번, 50대씩 20회

성性에 대한 금기가 엄격한 사우디아라비아의 한 바람둥이 승무원이 외국 방송에 출연해 자신의 성생활을 겁 없이 떠들었단다. 결국 그는 사우디아라비아 당국에 체포되었는데, 죗값으로 그에게 내려진 형벌이 충격적이었다. 징역형과 별개로 '공개 채찍질 1,000대'도 있었기 때문이다.

해외 단신으로 그 기사를 읽던 나는 '응? 그렇게 맞으면 죽지 않을까? 100대를 잘못 표기한 게 아닐까?' 의아했다. 나머지 기사를 마저 읽다가 더 소름끼치는 내용을 보고 경악했다. 그 1,000대를 한꺼번에 때리는 게 아니라 2주에 한 번씩 총 20회를 소환해서 나누어 때린다는 게 아닌가.

이 채찍질을 당하는 이들은 회당 50대를 맞는 것만으로도 사흘 이상 거동을 못할 정도의 신체적 충격을 받는다고 한다. 하지만 그런 고통만큼이나 끔찍한 것은 그다음 소환일이 다가올수록 엄청나게 커지는 공포라 하니 잔인함의 극치가 아닐 수 없다. 그런데 '그냥 죽여달라'는 말이 절로 나올 법한 이 형벌 이야기를 접하고 나니 내 머릿속에 떠오르는 것이 하나 있었다.

법정의 한복판에서 루저임을 외치다

사업 빚에 쫓긴 지 10년쯤 되었던 때이다. 매달 번 돈에서 생활비를 제하고 몇 백만 혹은 몇 천만 원씩 꼬박꼬박 채무 상환에 쓰는 생활을 그리도 오래했건만, 크게 진 빚(30억 원가량)은 갚아도 갚아도 없어질 기미가 보이지 않았다. 채권자들은 채무자로부터 빨리 돈을 받지 못하면 그 사람의 재산을 조사해 달라는 '채무자 재산 조사'를 법원에 요청하는 경우가 잦은데, 결국 나 또한 그 대상이 되고 말았다.

이런 조사 대상자가 되면 채무자는 자신의 재산을 성실히 신고해야 한다. 그 내용을 판사 앞에서 선서하고 나면 채권자들이 채무자의 재산을 나누어 갖게 된다. 사업 실패로 인한 빚을 10년 이상 최선을 다해 갚아온 내겐 그 선서가 사실상 '나는 실패자'라 자인하는 일과 마찬가지였다. 사정이 어렵다는 채권자의 말을 들으면서도 뒤로 딴 주머니를 차는 일 따위는 내 성정상 아예 불가능했고, 따라서 숨겨놓은 재산 같은 것도 내겐 전혀 없었다. 그러니 그저 절차를 따르면 되는 일이라며 마음을 다잡았다.

당시 나는 방송에 많이 출연했던 터라 가능한 한 사람들의 눈에 띄지 않기 위해 조심하며 지내고 있었다. 그런데 당일 법정으로 들어서는 순간 눈앞의 광경에 당황하지 않을 수 없었다. 판사 앞에 나가는 일일 거라고만 생각했는데, 나처럼 '재산 없음' 신고를 하러 온 이들이 200명 정도 법정에 대기 중이었던 것이다.

나이도 있고 자존심도 별로 없는 지금 같은 상태였다면 충분히 내 마음도 버텨주었을 것이다. 그러나 그때는 그야말로 너무나 수치스러운 느낌에 모자를 푹 눌러 쓰고 얼굴조차 들지 못했다. 법정 여기저기에서 수군수군 하는 소리가 들려왔다.

잠시 후 나는 20명씩 묶인 그룹에 끼어 판사 앞에 섰다. '제 재산은 이게 전부요'라는 선서를 하기 위해서였다. 그런데 그때 판사가 명단을 훑더니 이렇게 말했다.

"문단열 씨, 모자 벗으세요."

사람들 앞에서 내 이름이, 그것도 마이크를 통해 거명된 것이다. 내 얼굴은 하얘졌고, 사람들은 일제히 나를 쳐다봤다. 그런데 그게 끝이 아니었다.

"20명을 대표해서 문단열 씨가 선서하세요."

나름 유명인이었던 나는 공개적으로 이름이 울려 퍼진 것으로도 부족해 그 많은 사람들 앞에서 '나는 실패자요!' 하고 자인하는 바와 진배없는 선서를 대표로 해야 했다. 재판정을 나선 이후 화장실로 달려가 구토를 거듭했던 기억만 남아 있다.

그날은 '1,000대의 채찍'을 한꺼번에 맞은 날이었다. 빚을 진 상태이긴 했지만 그래도 이름이 알려져 있다는 데서 비롯된 못난 자존심. 그전까지 구름 바로 아래쯤에 자리했던 그 자존심은 이 일로 땅바닥에 패대기쳐졌다. 집안사람 모두가 가르치는 일에 종사하고 있었기에, 돈을 잃었다는 사실보다 이런 일을 겪었다는 게 훨씬 더 수치스러웠다.

하지만 많은 사람 앞에서 당한 이 일은 그 후로 나를 영원히 변화시켰다. 좋은 쪽으로.

바닥을 치고 부활하려면

종종 자영업을 하는 분들 가운데 대기업 경력이 있는 분들을 뵐 때가 있다. 그중엔 수백억 원 이상의 자금을 굴리며 굴지의 기업에서 국제적으로 활동한 분들도 많다. 그러다 퇴사하고 작게 시작한 자기 사업에 성공적으로 적응한 경우도 있지만, 그 과정에서 엄청난 어려움을 겪는 분들을 훨씬 더 많이 본다.

원래 인간의 집단이란 서로 관계를 맺고 일하는 방식이 그 사이즈에 따라 천차만별로 다르다. 직원이 두세 명일 땐 사무실이지만 일곱 명이 넘어가면 중소기업처럼 시스템을 필요로 하고, 열다섯 명 이상이 되면 사내에 익명성이 생기며 회사는 완전히 공적 기관의 성격을 띠기 시작한다. 50명, 100명, 1,000명 그리고 1만 명이 넘는다면 또 그에 맞춰 사내 업무 체계나 리더십, 관리 시스템이 달라지기 마련이다.

흔히 '대기업 출신'이라 이야기되는 분들은 극단적으로 많은 사람과 협업해 본 경험이 있기에 중소기업으로 이직해 그곳의 시스템 수립과 관련해 활약을 하는 경우가 많다. 그러나 모든 것을 혼자 처리해야 하는 작은 생태계에선 자신도 미처 알지 못했던 취약성을 보이기도 한다.

비유로 설명하자면, 수많은 사람들의 마이크로 협업이 떠받치는 문명 속에서 최고의 유능감을 갖고 있던 사람이 어느 날 갑자기 정글로 들어가 〈정글의 법칙〉 속 병만족이 되어야 하는 것과 같다고 보면 된다. 도시의 능력자도 정글 한가운데에 뚝 떨어뜨려 놓으면 오늘밤 자기 한 몸 뉠 자리도 못 만드는 무능한 사람이 되기 일쑤다.

바로 이 과정에서 이런 분들은 당혹감의 채찍, 자존심을 서서히 깎아나가는 매를 무수히 맞는다. 후배의 후배뻘도 안 됐을 젊은 사람들로부터 문전박대를 당하는 건 예사고, 아예 대놓고 속을 긁어버리는 젊은(데다 예전에 자신이 일했던 바로 그 회사 그 직위에 있는) 대기업 직원으로부터 갑질을 당하기도 한다.

하지만 무엇보다 힘든 것은 현장에서 잔뼈가 굵은 '병만족 족장'의 무시다. 그들에겐 '큰일 하다 오신' 걸로 보이는 분들이 뜻밖에도 기본적인 작은 일 하나 처리하지 못하는 게 못내 불만일 수 있기 때문이다. 텐트 안에 기어 들어온 벌레 한 마리도 스스로 처리하지 못하는 사람처럼 보인달까.

어차피 당할 채찍질이라면 1,000대를 한꺼번에, 그것도 공개적으로 당해서 한 번 제대로 '죽어버리는' 편이 낫다. 그러고 나면 바닥을 치고 부활할 수 있으니 말이다. 하지만 2주에 한 번 꼴로 매번 50대씩 20회에 걸쳐 1,000대를 맞으면 심신은 썩어 들어간다. 무엇보다 문제인 것은 한 번에 몰아서 맞는 경우에 비해 소중한 시간을 낭비하게 된다는 점이다. 그렇게 너덜너덜해졌다가 제정신이 들었을 땐 이미 초로에 접어들어 있기 쉽다.

물론 그렇지 않은 사람들도 있다. 대기업에서 일하며 최연소 임원으로 승진해 자기 분야에서 신화적 인물로 통하는 내 친구도 그중 한 명이다. 그는 그러다 결국 독립해서 최초 자본금이 20억 원인 벤처 회사를 설립했다.

하지만 사업상의 여러 우여곡절 끝에 코로나19까지 겹치면서 친구는 20억 원을 다 날렸고, '이젠 사업을 접겠다'고 내게 말했다. 그러고 나서 한 달쯤 지나 후배들과 함께 술자리를 가졌는데, 그 자리에서 친구는 믿기 힘든 이야기를 꺼냈다. 요즘 운전기사 자리를 알아보고 있다는 것이었다. 여기저기 알아보다 구청의 직업소개 코너까지 찾아가봤지만 '너무 고학력이라 곤란하다'는 말을 들어 고민이란 말도 덧붙이면서. 순간 코끝이 찡해졌다. 그러나 친구를 안됐다 여겼기 때문은 아니었다.

해본 사람은 다 안다. 실패했다는 사실을 자기 입으로 인정한다는 게 얼마나 어려운지 말이다. 이건 1,000대의 채찍질을 스스로 자청하며 형장으로 들어서는 것만큼이나 힘든 일이다. 그럼에도 현재의 자기 위치를 인정하며 "100만 원이라도 벌어야 한다"고 의젓하게 말하는 친구가 너무나 훌륭해 보여 코끝이 따끔거린 것이었다. 예전의 그날 법정에서 걸어 나오던 내 모습이 친구의 담담한 모습 위에 오버랩됐다.

이튿날 나는 그를 사다리필름으로 불렀다. 친구는 우리 회사가 중소기업으로 체계를 잡는 데 결정적 역할을 해주었고, 6개월 후엔 그의 본래 분야에서 그를 기억하고 있던 기업의 초빙을 받아 전문 경영인으로 복귀했다. 임기가 끝나면 사다리필름으로 꼭 돌아오겠다는 말을 남기고서.

새 출발은 제로에서

세상은 정말이지 너무 빨리 변한다. 대학에서 배운 전공지식도 수명이 고작 몇 년에 불과하다는 요즘이다. 마케팅 팀장을 역임하다 2년 전 스타트업으로 자리를 옮긴 한 지인은, 그 사이 유행이 완전히 바뀐 탓에 재취업에 애를 먹고 있다고 토로하기도 했다.

어떤 경우에든 새 출발은 제로에서 시작하는 게 맞다. 과거의 기술과 지위에 대한 집착은 새로운 모습으로 새로운 세상에 적응하는 데 방해물이 될 뿐이다. 예전에 능력을 발휘할 수 있었던 것은 사실 수준 높은 동료들과 조직 문화 덕분이었을 가능성이 절반 이상이다. 프리미어 리그에선 펄펄 날아다니는 손흥민 선수가 한국 국가대표팀 경기에선 골을 넣지 못하는 것도 그 때문이지 않을까(물론 후배들을 챙기느라 골을 넣지 않는 것일 수도 있지만 말이다).

만약 지금 당신이 새로운 환경에서 새로 시작해야 하는 상황에 있다면 한시라도 빨리 알아차려야 한다. 당신이 발을 들인 그곳은 이제 밤이면 비가 쏟아지고 텐트 안으로는 뱀이 들어오며, 매일 먹을 식량은 사냥이나 채집 등을 통해 스스로 해결해야 하는 아마존 정글이란 사실을.

1,000대의 채찍질도 나눠서 맞기보다는 한 번에 당하는 편이 훨씬 낫다.

재기란?

20년 동안 사업 빚을 갚았던 내게 있어
재기란 끌려 다니지 않는
삶의 주도성을 회복하는 일이다.
생각해 보니 그 이상의 성공도 인생엔 없다.

원더골의 탄생

네 번의 위기, 그리고 골

2019년 프리미어 리그에서 토트넘과 번리의 경기 중 터진 손흥민의 80미터짜리 원더골은 한국인뿐만 아니라 세계 축구팬들의 뇌리에도 오랫동안 남을 것이다. 그만큼 대단한 골이었으니까. 너무나 감동적이라 나는 손 선수의 드리블 장면을 몇 번이고 돌려 보았다. 그 과정에서 자연스레 그의 표정과 몸짓도 눈에 들어왔는데, 그러다 한 가지 의외의 사실을 발견했다.

처음 자기 진영에서 볼을 받은 뒤부터 80미터를 드리블하다 슛으로 골을 넣기까지 손흥민 선수에겐 네 번 멈칫하는 순간이 있었다. 볼을 받았을 때 한 번, 이후 잠깐 질주하다가 한 번, 이어 상대 진영에서 서너 명의 수비수에 둘러싸인 채 돌진하다가 한

번, 골을 넣기 직전에 마지막으로 한 번. 공을 넘겨줄 만한 위치에 있을 동료를 네 번이나 찾았지만 끝내 마땅치 않자 그는 결국 스스로 슈팅해 득점을 했다.

이날 손 선수가 보여준 80미터짜리 드리블은 호나우두 같은 선수들이 원맨쇼처럼 과시하는 단독 드리블과는 완전히 다른 차원의 것이었다. 좋은 위치에 동료 선수가 자리하고 있어도 자기 잘난 맛에 공을 패스하지 않고 골문을 향해 폭주하는 드리블 원맨쇼는 기껏해야 30~40미터에서 끝난다.

그에 반해 80미터에 이르는 손흥민 선수의 기네스급 드리블은 사실 그의 의도에서 나온 것이 아니었다. 공을 줄 곳이 없는 위기를 네 번이나 그때그때 넘긴 것이 역사에 남을 이 원더골의 정체였다.

사업자라면, 성공을 바라는 사람이라면 누구나 바라는 '경영의 원더골'. 그 빅히트는 천재적인 단독 드리블이자 한 방의 장외 홈런일까? 아닌 것 같다. 볼을 줄 데가 없는 위기를 네 번 연속 넘길 때 도출되는 그냥 '평이한 결과'로 난 본다.

치고 나갈까, 홀드할까

처음 사다리필름을 시작했을 때 우리에겐 사무실이 없었다. 과거의 실패가 '매출보다 사무실이 먼저 생기면 반드시 망한다'는 교훈을 내게 남겨준 덕분이었다. 물론 업태상 일이 이뤄지는 자리가 반드시 필요한 업종은 예외다.

그렇다 해서 사무실을 마련하면 기필코 망할 거란 뜻은 아니고, '사업을 하는 것 같은 모양새'부터 갖추려 드는 창업자는 성공하기 어렵다는 의미다. 사람은 누구나 자신이 가장 중요하게 여기는 것만큼은 꼭 얻게끔 되어 있다. 성공 그 자체보다 '성공한 사람 같은 모습'을 더 중시하는 사람이라면 반드시 그 모습만큼은 얻을 것이다.

여하튼 그 교훈 덕에, 겨우 2,000만 원이었던 사업 첫해 연매출이 1억 5,000만 원으로 성장할 때까지 사다리필름의 사무실은 스타벅스였다. 여러 군데 사무실이 있으니 업무 효율도 좋았고 딱히 불편한 것 또한 없었다. 이 신생 프로덕션의 실력을 의심한 클라이언트가 사무실을 보여달라고 요청할 때만 빼고 말이다.

그러다가 주문이 점점 늘어나면서 갑자기 '공 줄 데가 없는 상황'이 찾아왔다. 보증금 1,000만 원에 월세 100만 원인 10평짜리 사무실이라도 얻는 '직진', 그리고 패스할 데를 찾기 위해 잠깐 속도를 늦춰 보수적으로 '숨고르기' 중 어느 쪽을 택할지 결정해야 하는 시점이 온 것이다. 나는 동업자의 강력한 반대를 무릅쓰고 우리 진영에서 공을 치고 나갔다. 결과는 일단 성공이었다. 매출이 세를 받쳐주었고 10평짜리 사무실은 효율을 배증했다.

3년 차가 되자 매출이 두 배로 늘었다. 워낙 작게 시작했으니 두 배라 해봤자 3억 원 정도였다. 하지만 첫해 매출이 2,000만 원이었던 것에 비하면 10배 이상 성장한 것이기도 했다.

두 번째 결정의 시간은 그때 도래했다. 기존에 우리가 사용하고 있던 10평짜리 사무실 바로 앞에 같은 크기의 사무실이 또 하나 나온 것이다. 다시 나 혼자 수비수들에 둘러싸여 있는 듯한 상황. 치고 나가면 적진으로 들어가게 될 테고, 그대로 그 자리에 있으면 볼을 뺏길지 모른다. 주위를 잠깐 둘러보다가 이번에도 동업자의 반대를 무릅쓰고 돌격을 선택했다. 다행히 도박이 또 먹혔다. 매출은 더 늘었고 두 사무실은 우리에게 과하지 않았다.

그런데 난 이럴 때 기고만장하기보다는 간담이 서늘해지는 느낌을 강하게 받는다. 예전에 한때 자만했다가 피를 토한 기억이 있기 때문이다. 참여하는 포커판에서마다 올인을 하면 어찌 되겠나. 당연히 망하고 만다.

이젠 공을 드리블하며 전진하지 않겠다고, 잘 홀드하고 있다가 케인 같은 동료가 보이면 적당히 패스하겠다고 다짐했다. 그런데 50평짜리 근사한 사무실이 우리 10평짜리 사무실 두 개의 월세를 합친 것보다 아주 조금 더 비싼 값에 나왔다는 걸 알게 됐다. 내 입에선 "신이시여, 왜 저로 하여금 계속해서 직진하는 쪽을 선택하게 하시는 겁니까!" 하는 탄식이 절로 나올 지경이었다.

세 번째 드리블에 이은 새로운 고민

10평짜리 사무실을 쓰다 50평짜리를 보니 시원하게 탁 트인 것이 진짜 축구장 같았다. 하지만 설레는 마음도 잠시, 걱정에 걱정이 이어졌다. 한 층짜리였던 외국어 학원을 두 층으로 늘리자마자 IMF에 두들겨 맞아 나이 서른에 5억 7,000만 원의 빚을 졌던 내가 아닌가. 50평짜리로 살림을 키우면 사다리필름은 견뎌낼 수 있을까? 잠도 제대로 못 자며 갈등하다 다시 한 번 눈 딱 감고 돌진해 보자는 결론에 도달했다.

결과는 성공이었다. 직원은 곧 열 명까지 늘어 사무실을 그득하게 채웠고, 사무실 월세도 직원들 월급도 지금까지 밀린 적은 없다. 매출도 억 단위의 두 자리 수로 넘어갔다.

앞서 이야기했듯 손흥민은 원더골을 성공시키기 직전까지 네 번에 걸쳐 주위를 살펴보며 망설였다. 그리고 사다리필름은 지금까지 '공을 줄 곳이 없어 앞으로 나아가야 하는 상황'을 세 번 맞이했고, 그 순간마다 매번 직진을 했으며(라고 썼지만 '무모하게 질렀으며'로 읽으면 되겠다), 다행히 지금까지는 성공했다.

그 세 번의 드리블 끝에 이제 우리는 골대 앞까지 와 있는 상황인 것 같기도 하다. '사다리필름 전용 스튜디오에 투자할 것인가'라는 골대가 점점 눈앞에 다가오고 있기 때문이다. 그 앞에서는 슈팅을 해야 할 것 같다는 걱정에 잠이 안 온다. 슈팅이 골로 연결되어 득점하는 데 실패한다면 앞서 성공했던 세 번의 드리블도 허공으로 날아가버린다. 신중에 신중을 기하지 않을 수 없다.

지금까지 나의 이야기로 여기까지 드리블해 왔다. 이제 당신에게 공을 패스해 드린다. 자, 이제 당신의 차례다.

성공을 바라며 밤낮없이 달리는 창업(준비)자 당신, 혹은 전업

(고민)자 당신. 당신이 생각하는 대박은 매일의 위기를 성실히 극복하는 끝에 고고히 기다리고 있는 것일까, 아니면 어느 날 눈먼 운이 찾아와 뜬금없이 당신을 모시고 성공의 궁궐로 가마 태워 가는 것일까.

선택은 당신의 몫이다.

결정장애는 없다

술술 풀리던 사업계획서가 막혀버린 이유

얼마 전 정부 연구지원금을 신청해 받아보자는 제안이 사다리필름 내부에서 나왔다. 1억 5,000만 원쯤 되니 사다리필름이 꿈꾸고 있는 스마트 콘텐츠 개발에 안성맞춤이겠다는 생각이 들었다.

당시 우리에겐 수강자의 반응과 수준, 입장과 목표에 따라 교육영상의 내용도 달라지는 AI 콘텐츠를 만들겠다는 목표가 있다. 콘텐츠에 사람을 맞추는 게 아니라 사람의 결정에 따라 전개가 달라지는 드라마(실제로 이런 식의 다큐 프로그램이 넷플릭스에 있는 걸 본 적이 있다), 또는 플레이어의 선택에 따라 시나리오가 변해가는 게임처럼 말이다.

전문가의 조언을 받아 사업계획서를 작성하기 시작했다. 겪어본 분들은 아시리라. 말은 쉽지만 이런 계획서 대부분이 분량은 30~50페이지가 기본인 데다 제대로 작성하기도 은근히 어렵다는 걸. 아니나 다를까. 처음엔 술술 풀려 나가던 사업계획서가 중간부턴 어디서 어떻게 꼬였는지 영 진도가 안 나갔다.

곰곰이 생각해 보니 '우리가 원하는' 버전과 '심사위원들에게 먹힐' 버전 사이에서 고민하고 있는 게 그 이유였다. 정부 지원금을 받을 가능성이 높지만 우리가 가려는 방향과 꼭 맞진 않는 계획서, 그리고 지원금 수령 가능성은 떨어지지만 우리 계획을 그대로 담은 계획서. 이 둘의 사이에서 발이 안 떨어졌던 거다. 조건 따져서 하는 결혼과 사랑 하나 보고 하는 결혼 사이에서 갈등하는 상황이었다고나 할까.

질문이 틀렸다

사다리필름에 있어 '조건 따져서 하는 결혼'이란 곧 '입시생들이 온라인 강의에서 느끼는 무료함을 해결하겠다는 제안'이었다. 하지만 난 개인적으로 입시 교육을 별로 좋아하지 않으니 이런 것에 구미가 당길 리 없었다.

그와 달리 '사랑 하나 보고 하는 결혼'은 자발적으로 자기계발을 하는 성인들을 대상으로 하는 영상 콘텐츠를 개발하겠다는 제안이었다. 그리고 나는 과감히 이 결혼을 하겠노라 결심했다. 무언가 억지춘향으로 맞춰가다 보면 나중엔 대자연의 물길을 견딜

길 없어 그 부작용에 고생하는 일이 필연적이기 때문이다. 이제 이 결정에 따라 내가 기본적인 사업계획서를 쓰고 나면 그다음엔 우리를 도와주는 연구원들의 손으로 넘어가 이틀 뒤쯤 완성될 터였다.

그런데 기본 계획서를 완성하지 못한 채 또 뭉개고 앉아 있는 나를 발견했다. 뭐든 일단 시작하면 뿌리를 뽑아버리는 게 내 성격인데 도대체 왜 이렇게 쓰기가 꺼려지는 걸까…….

이틀을 다시 고민하다가 더 깊은 문제를 발견했다. '지원금은 웬만하면 받아야 한다'는 상식과 여론에 밀려 출발하긴 했으나 내겐 지독한 '남의 돈' 알레르기가 있다는 사실을 잊어버리고 있었던 것이다.

나는 투자금을 개인 빚으로 전환하고, 사업 실패로 생긴 빚 30억 원을 몸으로 때우며 갚는 데 20년을 보냈다. 그런 뒤 비교적 편안한, 그러니까 공과금도 내고 저축도 조금 하는 생활을 해오고 있었으나 내 머리가 아닌 몸은 기억하고 있었다. 20년간 깊게 밴 '남의 돈' 알레르기를.

그러니 밀어붙이지 못하고 자꾸만 뭉개려는 것도 이상한 일이 아니었다. '둘 중 어떤 결혼을 택해야 하나'를 고민하면 답이 나올 거라 여겼던 것 자체가 착각이었으니까. 그에 앞서 '결혼이란 걸 해야 하나', 다시 말해 '정부에서 주는 연구지원금을 신청해야 하나'라는 질문에 대한 답부터 확실히 내렸어야 했던 것이다.

사업의 미래전략에 망설이고 있다면

기아차나 현대차, 외제차 사이를 오가며 어떤 차를 사야 할지 한 달째 고민 중인 사람이 있다면, 사실 그는 '나한테 정말 차가 필요한가?'에 대한 결론을 내리지 못하고 있는 상황일 가능성이 더 크다. 두세 명의 상대 중 누구와 사귈지 결정하기 어려워 너무 오랫동안 고민된다면 실은 '내가 지금 연애할 때인가, 나는 연애할 준비가 되어 있긴 한가'부터 결정하지 못한 상태일 가능성이 큰 것처럼 말이다.

오래 고민했는데도 결론을 내릴 수 없는 무언가 때문에 스스로 짜증이 올라온다면 그때는 근본을 향해 내려가봐야 한다. 가지에 달려 있는 잎사귀 중 어떤 것을 딸까 머리를 싸맬 게 아니라 나무의 줄기 그 자체를 다시 인지하고 바라봐야 한다는 뜻이다.

잎사귀 하나를 택하는 데 필요한 질문은 육하원칙에 따라 던져져야 하지만, 줄기로 내려가 근본적으로 짚어봐야 하는 질문은 양자택일과 관련된다. 경영이든 인생이든 원래 본질적 질문은 '전부' 아니면 '전무' 중 하나를 고르라는 것이다. 결혼 상대가 아닌 결혼 그 자체에 대해선 '한다'와 '안 한다'는 두 가지 선택밖에 없는 것처럼.

음식 장사를 앞으로 계속해야 할까, 지금 하고 있는 사업에 디지털 트렌스포메이션digital transformation을 접목해야 할까, 이젠 신사업에 뛰어들어야 하지 않을까, 아무 사업도 벌이지 않고 이렇게 부동산과 주식만 하고 있어야 할까…….

어떤 내용의 질문이 됐든 사계절이 두세 번 바뀌는 동안 고민만 반복하고 있다면 줄기까지, 아니 아예 뿌리까지 내려가 파보자. '과연 사업이 내 적성상 맞는 일인가?'라는 질문에 스스로 '그렇다'고 자신 있게 답할 수도 없으면서 "전 무슨 사업을 하는 게 좋을까요?"라 묻고 있다면 정신차려야 한다. 그런 사람은 지금까지와는 다른 차원의 지혜를 구해야 한다.

질문을 보면 수준을 아는 법이다. '나는 지금 적절한 질문을 하고 있는가'를 점검하며 날마다 뒤돌아보자. 차가 꼭 필요하다고 생각하는 사람이라면 선택지가 아무리 많아도 오래 고민하지 않는다. 그러고 보면 결정장애란 원래 존재하지 않는 건지도 모른다. 결정을 위한 비교와 절차를 필요로 하는 사람들만이 있을 뿐.

사업은 전력질주가 아니라 마라톤

천천히 빨리 가!

어느 중소기업 사장님이 '장기적 안목을 갖고 오늘도 전력질주하자'고 훈시하셨다는 말을 들었다. 지나가던 과객 1인 내 입장에서는 '열심히 잘해보자는 뜻이셨겠지'라 여기고 그냥 넘길 수도있지만, 이 말이 가진 자기기만성에 괜히 열받아 글로 화풀이를해본다.

한국인은 전력질주의 민족이다. 대다수가 입시를 위해 전력질주에 내몰린 경험이 있고, 그런 경쟁 속으로 자녀들을 떠민 부모세대는 경제개발의 전력질주를 몸소 실천했으며, 그 세대를 낳은노년 세대는 전쟁의 포화 속에서 전력질주한 경험이 있다. 우리가 음식 배달도 택배 배송도 전력질주로 이뤄져야만 만족하는 건 어쩌면 이런 역사 때문일지 모른다.

내가 어렸을 때는 수단 방법 안 가리고 단기에 따라잡는 정신이 온 나라를 덮었다. 그래서인지 '장기적 안목'이란 표현도 많이 쓰이지 않았다. 그런데 단기 질주의 폐해를 수십 년간 겪으면서 사람들이 뭔가를 좀 깨달았는지, 언제부턴가 '장기적 안목으로 산업을 육성'한다느니, '마라톤처럼 사업을 운영한다'느니 하는 말이 부쩍 많이 들려온다.

나의 분노는 이게 거의 거짓말이라는 데서 비롯된다. 최고로 좋게 생각해도 '머리로는 장거리를 원하나 몸에 체득되어 있는 전력질주의 본능을 거스를 수 없어서' 그런 거란 정도로밖엔 받아들여지지 않는다. 이 나라는 지금도 여전히 100미터 달리듯 전력질주 중이다. 물론 구간마다 번아웃을 반복하면서.

장거리 경주는 장거리 선수답게

어느 유명한 부자가 이런 말을 했다. "한 번쯤 부자가 될 순 있지만 계속해서 부자로 남기는 정말 힘들다"고. 누구나 한 번쯤 자전거보다는 빨리 달릴 수 있는 때가 있다. 전력으로 질주한다면 말이다. 문제는 언제나 그 후에 찾아오는 후유증인데, 그걸 겪고도 우리는 또 "파이팅!"을 외쳐댄다. 정작 필요한 건 '생각하기thinking'인데 말이다.

창업에 있어서도 모두들 그저 빨리 돈을 벌려고만 한다. 아이디어가 참신하고, 아이템이 핫하면 사실 가능한 일일 수 있다. 그런데 그렇게 좀 돈이 벌리면 바로 판을 키우고, 그래서 또 벌리면 또 키운다. 잠시 숨을 고르고 돌아보며 고심하는 게 아니라 계속해서 온 힘을 다해 질주하는 것이다.

그러면서 입으로는 '장기적 안목'을 들먹인다. 앞서 '자기기만'이라 말한 이유가 바로 이것이다. 그렇게 말하는 이의 머릿속에는 '장기적으로 큰 것을 이루겠다'는 그림이 아니라 '장기적으로, 아니 영원히 전력으로 달리겠다'는 그림이 그려져 있다. 대양을 횡단하는 747여객기의 속도는 전투기에 비하면 기어가는 수준이고, 사람을 가득 태운 크루즈는 느릿느릿 항해한다. 멀리 가는 것들은 그 속도가 빠르지 않다.

마라톤 선수 황영조가 단거리 육상선수 우사인 볼트와 출발선에 서 있는 상황을 상상해 보자. 황영조는 42.195킬로미터를, 우사인 볼트는 100미터를 뛸 참이다. 그렇다면 출발 총성이 울리는 그 순간, 황 선수는 볼트와 함께 전력질주를 하며 땅을 박차고 나갈까?

100미터 선수에겐 두 가지가 없다. 하나는 여유, 다른 하나는 생각이다. 100미터 달리기는 여유와 생각이 들어갈 만한 사안이 아니다. 미친 듯이 순간적으로 온 힘을 다해 뛰고, 결승선의 테이프를 끊은 뒤엔 오랫동안 쉬어야 한다.

하지만 마라톤 선수에게 여유와 생각은 생명줄이나 마찬가지다. 없으면 그건 생명이 없는 거나 마찬가지다. 자그마치 42킬로미터 이상에 달하는 코스에는 몇 개의 오르막 구간이 있는지, 속도를 올리기에 좋은 구간은 어디인지, 경쟁자들은 어떻게 따돌려야 하는지, 동료와는 어떤 작전으로 라이벌들을 낚을 건지 등을 구상하고 실행하기 위해 그의 머리는 쉼 없이 돌아간다. 경주를 시작하기 전에도, 출발 총성이 울리는 순간에도, 기나긴 길을 한참 동안 뛸 때에도, 마지막 스퍼트를 올려야 할 때에도 말이다.

가장 중요한 것은, 라스트 구간을 제외한 그 어떤 구간에서도 그는 자신의 힘을 다 쓰지 않는다는 점이다. 마라톤 선수에게 있어 '전력질주'란 있을 수 없는 개념이다.

반짝 운영할 게 아니라면 빌드업이 우선이다

몇 달 운영하다 문 닫는 팝업 스토어를 열 생각이 아닌 이상 모든 사업은 마라톤이다. 물론 '돈 버는 시스템을 만든다'는 사업적 사고보다 '큰돈 한번 벌어보자'는 한탕주의 사고로 무장한 사람들은 지금도 여전히 이 '장기적 전력질주'라는 환상에 빠져 있을 테지만.

전력질주는 머리 위로 날아오는 포탄을 피해 달아나던 우리 조상들, 또 바로 눈앞에 있는 토끼를 잡아먹으려고 냅다 뛰던 그 한참 위 조상들에게나 해당되는 전근대적 경영(혹은 자기경영) 방식이다. 한 경기 내에서 단독 드리블로 수비수 여섯 명을 젖히고 골 넣는 신기神技를 세 번 이상 선보이는 건 메시나 손흥민 같은 급의 선수들이 가능한 일이다. 우리처럼 소자본 혹은 무자본으로 창업한 사람들은 빌드업 축구를 해야 한다(벤투 감독도 그래서 이걸 그렇게 좋아했다지 않은가). 화려한 테크닉을 보여주겠다고 할 게 아니라 시스템부터 빌드업을 해나가는 것이다.

빌드업에는 무수한 장단거리 패스가 있어야 하고 또 그래서 완성까지 시간을 필요로 한다. 영업, 광고, 관리, 제조와 이를 총괄하는 마케팅 플랜을 자기가 현재 운영 중인 매장에, 혹은 자기 자신에게 맞게끔 수립하기까진 셀 수 없는 시행착오의 과정이 선행되어야 한다.

'책을 보니 스티브 잡스는 이런 사업 방식이 좋다고 했다더라. 그러니 나도 이렇게 해보겠다'는 식으로 결정하는 우는 범하지 말자. 그런 시도에 나선 사람들이 지금껏 세상에 한둘이겠으며, 그들이 실제로 성공했다면 그것이 지금껏 '확실한 성공 공식'으로 자리잡지 못했을 리 없지 않은가.

중요한 건 자신의 회사에 알맞은 시스템을 찾아내거나 만들며 커스터마이징하는 것이다. 그러니 한마디로 사업은 마라톤이다. 창업한 모든 분들이 차분히 생각을 하며 회사를 운영해 나가길, 여유분의 힘을 늘 갖고 있길, 전력질주하지 말길 기도하는 마음이다.

잡스를 본받지 마라

본받을 사람을 선택할 땐
그의 스케일을 기준으로 삼으면 안 된다.
내 능력이 그에 미치지 못할 땐
본받으려야 본받을 수가 없고,
내 능력이 그를 초월하면
더 이상 본받을 일이 없으니까.
본받고자 할 사람은
깊이와 개성으로 선택해야 하고
그 기준은 전적으로 자신의 것이어야 한다.
겉으로 보이는 스케일이 아닌,
나름의 깊이를 가진 자신만의 위인을 찾을 일이다.

스스로 버티게 하는 힘

〈달리기〉 유감

고 3 학생이라면 누구나 듣는다(혹은 들었다)는 명곡이 있다. 가수 윤상의 〈달리기〉인데 S.E.S가 불러서 히트시켰고 나중에 옥상달빛이 리메이크하기도 했다.

〈달리기〉는 인생의 힘겨운 구간을 통과하는 사람들의 마음을 마라톤에 비유하고, 그 어려움을 공감하며 힘내라고 격려하는 내용의 곡이다. 나 역시 힘든 일이 있을 때마다 이 곡을 떠올리곤 했다. 아니, 더 솔직히 말해서 극도로 힘들 때면 이 곡을 틀어놓고 눈물을 흘렸다. 슬퍼서가 아니라 위로가 되어서 그랬다.

그토록 정신적 도움을 주었으니 내겐 엄청나게 고마운 곡이다. 그러나 들을 때마다 한 가지 걸리는 부분이 있었다. 바닥에 엎어져 울던 판국에 명곡 가사에 굳이 태클을 걸고 싶진 않았지만 그래도 매번 찜찜하게 느껴지던 그 부분. 그건 다름 아닌 이 곡 첫 부분의 가사였다.

그 가사 중에 어차피 시작해 버려서 멈출 수 없다는 건 이해할 수 있다. 하지만 여기서 포기할 수 없는 두 번째 이유로 얘기되는 게 '사람들의 시선'이라는 게 걸린다. '창피해서' 그만둘 순 없다니. 여기서 멈추면 지금까지 기울여온 노력이 물거품이 될 거라거나, 중간에 그만두는 건 루저처럼 느껴진다거나, 그것도 아니면 하다못해 오기가 나서가 아니라 '쪽팔려서' 그렇겐 못하겠다는 것이다.

이건 그저 하나의 곡일 뿐이고 가사는 그저 노랫말일 뿐이다. 하지만 이 부분의 가사를 접할 때마다 우리나라 사람들의 집단 무의식 속에 아로새겨진, 아마 가장 강력할지 모르는 성취동기를 느낀다면 그저 호사가의 오버일까.

숨이 차고 입이 말라 토할 것 같아서 당장이라도 쓰러져버릴 듯한 마라톤에 비유되는 상황은 사실상 생존의 사투를 벌이고 있는 삶의 전쟁터와 같다. 그곳에서 멈춰 서지 못하게끔 자신을 내모는 가장 큰 힘이 진실로 '쪽팔려서'는 절대 아니라고 말할 사람이 우리 중엔 몇이나 될까.

'쪽팔림 피하기'가 위험한 이유

어느 날 한 제자가 하소연을 했다. 대기업에 취직했는데 복사맨이 되어 하루 종일 복사만 하는 일상에 미쳐버릴 것 같다고 했다. "그렇다면 그 회사를 그만두고 하고 싶은 걸 하는 편이 낫지 않겠어?"란 내 질문에는 침묵이 답으로 돌아왔지만, 그 행간을 읽기란 전혀 어렵지 않았다. 나를 외면하는 제자의 눈과 입술, 턱은 이렇게 웅변하고 있었다. '어떻게 취업한 지 1년도 안 됐는데 그만둘 수 있겠어요. 쪽팔리게…….'

유교문화의 동양 3국 중에서도 유독 체면을 중시하는 나라가 한국이라고 한다. 대학을 꼭 가야 하는 이유는 그렇게 하지 않으면 친지들에게 '쪽팔리니까'이고, 제때 반드시 승진해야 하는 이유도 동기들에게 '쪽팔리기 싫어서'란다.

그뿐인가. 나이 마흔을 넘기 전에 자기 집을 기필코 마련해야 하는 이유 또한 사실 알고 보면 '이 나이 되도록 집도 없는 게 남사스럽기 때문'이라고 한다. 집 없는 설움을 강조하는 말처럼 보이긴 하지만 곰곰이 이야기를 들어보면 역시 그 설움은 무소유가 아닌 부끄러움에서 비롯된다는 사실을 어렵지 않게 발견할 수 있다(내가 집 없이 수십 년을 살아봐서 아는데, 남들 시선으로부터만 자유로울 수 있다면 월세살이도 별로 나쁘지 않고 전혀 문제없다).

이렇게 노랫말을 들먹이고 국민정서를 운운했는지 이제 밝혀야겠다. 바야흐로 독립하려는 당신의 정신적 안위가 심각하게 염려되어서다. 학교에 다닐 땐 유달리 심각하거나 큰 문제를 일으키지 않는 한 자동으로 학년이라도 높아지고, 나이를 먹으면 주름이 늘어서 뭘 좀 아는 어른처럼 보이기라도 한다. 아무리 능력주의로 사람을 들들 볶는 회사에 다닌다고 해도 약점 안 잡히고 한자리에서 3년 이상 정도만 버티면 대리라도 달아주는 게 '통제된 질서' 속의 법칙이다.

하지만 창업자나 프리랜서를 희망하며 독립을 염두에 두고 있는 사람들에게 이건 해당 사항이 없는 이야기다. '버텨내다 보면 어떻게든 조금씩이나마 올라가는' 프레임과 규칙을 더 이상 적용받지 못한다는 뜻이다.

'어제보단 나은 내일' 같은 약속을 해줄 사람은 이제 어디에도 없다. 수입은 급전직하로 감소하는 상황, 매장을 절반으로 줄여야만 하는 상황, 낭인처럼 동가식서가숙하다 몸을 낮추고 남의 살림에 숟가락을 얹으면서 이불 속에서만 훗날을 기약해야 하는 상황도 얼마든지 일어날 수 있다.

'쪽팔림 피하기'를 가장 큰 동기부여 요소로 삼는 사람들은 이런 강등 상황을 맞닥뜨렸을 때 폭발하거나 주저앉아 다시는 못 일어날 것이다. 아니면 현실을 부정하고 그럴듯한 이유와 사업계획을 떠벌이면서 금박 입힌 명함 뒤에 숨어 비겁한 시간을 보낼 것이 뻔하다고 나는 단언한다. 그러니 지금부터 '마라톤을 멈출 수 없는 이유'를 바꿔야 한다. '창피해서' '남사스러워서' '쪽팔려서'가 아닌, 충분한 내적 이유로 말이다.

배고파도 즐거운 종목을 찾아라

마라톤은 흔히 한국 입시에 대한 비유로도 사용된다. 그렇다면 마라톤의 전제는 무엇인가.

마라톤은 괴롭다. 대신 끝이 있고, 끝나면 쉴 수 있다. 그런데 이시대의 공부는 결코 끝이 없고 딱히 괴로워서도 안 되고, 고로 쉴 수 있지도 않다. 특히 한국 입시는 '이 시대의 바람직한 공부'와 전혀 결이 다르다는 데 우리의 비극이 있다.

사실 공부는 우리가 평생 어깨 걸고 함께 가야 할 친구와도 같다. 교육과 커리어에 대한 '괜찮은 전공 하나 적당히 정해 그걸로 평생직업을 얻고 내 집 마련과 부귀영화까지 실현해 금의환향한다'는 식의 생각은 일제강점기 때 형성된 구시대적 유물이다.

그러니 입시가 마라톤과 같다는 건 전제 자체가 틀린 비유다. 수험생으로서 지금 견디고 겪는 과정은 언젠가 끝나는 경주에서 쪽팔리지 않으려고 견뎌야만 하는 고난이 아니라, 절대로 끝나지 않는 커리어의 경로 중 통상 마주하기 마련인 힘든 구간이니 즐기는 마음으로 견뎌야 한다. 이는 비단 수험생뿐 아니라 홀로 독립해 창업가나 프리랜서의 길을 가려 하거나 가고 있는 이들에게도 해주고 싶은 이야기다.

"아니, 너무나 괴로운 일을 어떻게 견디라는 말입니까!"라고 항변하는 분이 있다면 이렇게 시건방지게 답해 드리고 싶다.

"그렇다면 종목을 잘못 고르신 거니 지금이라도 얼른 바꾸세요. 힘든 구간이 괴롭기 그지없긴 하지만 일 자체가 즐거워 얼마든지 견딜 수 있는 업으로요."

남들의 시선을 의식하지 않고 살아가는 사람이 되고 싶다면 태도를 바꾸려는 것만으론 역부족이다. '참고 견뎌내야 하는 종목'이 아니라 '배고파도 신나게 할 수 있는 종목'으로 갈아타야 한다. 물론 마라톤이 취미라면 마라톤을 해야겠지만.

지속가능한 장사를 하려면

'받아써라, 받아써!' 망국론

어느 식당에서의 일이다. 옆 테이블의 회식 자리에서 뭘 좀 아는 듯한 사람이 유식한 이야기를 늘어놓자 다른 한 사람이 동료들에게 농반진반으로 말을 던진다. "받아써! 이런 건 써두라고!" 모름지기 좋은 이야기가 나오면 받아 적어야 한다. 그래야 안 까먹으니까.

그런데 너무 상식적인 이런 말과 행동 때문에 개인도 나라도 망할 수 있다는 생각이 든다면 당신은 납득하겠는가. '파이팅'을 습관적으로 외치는 문화 속에선 '스마트한 방법을 고안하기'가 아니라 무조건 '열심히 하기'가 최고라는 무언의 가치가 우선시되기 마련이다. 그와 마찬가지로 배움에 있어서의 최고 가치는 '아는 사람'으로부터 나온 정보를 무비판적으로 수용하고 외우는 것이라는 암묵적 압박이 "받아써라, 받아써!"란 말 안에 응축되어 있다고 생각하면 무리일까.

무리가 아닐 것이다. 이것이 우리 교육 문화의 특질이란 사실은 다른 문화 사람들의 반응을 보면 알 수 있다. 외국인 친구가 많은 나는 여러 국적의 사람들이 모였을 때 무심코 "이런 건 받아써야지!"라는 농담을 했다가 머쓱해진 적이 여러 번 있다. 이런 상황에서 그들은 왜 내가 필기를 강조하는지 몰라 눈을 동그랗게 떴다. 그들(적어도 서구인들)에겐 '좋은 말은 받아써야 한다'는 생각 자체가 없었다. 학교가 그들에게 요구했던 건 '듣고 나서 네 생각을 말해 보라'였지, '받아쓰고 외워라'가 아니었기 때문이다.

필기도구를 버려야 하는 이유

일본인은 대개 아는 게 많다. 공부를 많이 하고 독서량도 풍부한 덕이다. 요즘엔 한국이 많이 따라잡았다고 하나, 한 가지 분야에 천착해 우물을 파듯 대대로 이어서 공부의 깊이를 더해가는 장인들이 일본에 많다는 건 사실이다.

그런데 그렇게 자기 분야에 대해 아는 게 많은 일본인들의 말문을 막히게 하는 질문이 있다. "그래서 당신의 의견은 무엇인가요?"다. 이 질문을 던지면 대개는 "어려운 질문이군요……"라는 답이 돌아온다. 말로만 그런 것이 아니라 진짜 어려워한다는 게 느껴진다.

일본인의 흉을 보는 거라고 생각한다면 오산이다. 한국인들도 이와 별반 다르지 않기 때문이다. 반면 이런 질문을 받았을 때 많은 서구인들은 분명 자신의 의견을 또렷이 개진할 텐데, 이는 그들이 뛰어나서가 아니라 평생 그 질문을 들어온 덕분이다.

우리 교육 현장이 현재 이렇다거나 교육은 어때야 한다는 등을 말하려는 게 아니다. 문제는 '나는 어떤 사람인가? 그래서 내 의견은 무엇인가?'라는 질문에 답하지 못하면 사업이 안 되는 시대에 우리가 이미 진입해 있기 때문이다. 극단적으로 표현하자면 '자기 정체성과 자기 의견이 확실한 사람'만 사업을 할 수 있는 시대에.

언제가부터 인문학 열풍이 불기 시작했다. 인문학이란 뭘까? 당장 급한 먹고사는 일은 잠시 던져두고 '나는 누구? 여기는 어디?'에 대해 생각해 보는 것이다. 찬찬히 시간을 들여 곰곰이, 깊게 말이다. 인문학이 유행을 타기 시작하자 '한 달로 끝내는 속성 인문학 강좌' 따위를 즉각 만들어내는 게 한국인들이다. "받아써라, 받아써!" 스타일은 여전히 어디에서든 힘을 발휘하고 있는 셈이다.

그뿐인가. 창의력이 중요하다고 학자들이 이야기하니 이번에는 학습지 강사들을 동원해 창의력을 가르쳐주겠다고 한다. 아이가 자기주도로 시간을 보내게끔 내버려둘 때에만 자라나는 게 창의력인데 말이다.

서양의 혁신적 천재들에 대한 이야기에는 흔히 '어렸을 때 차고에 틀어박혀 뭔가를 만들었다'는 내용이 나온다. 차고라는 공간에는 창의성을 키워내는 마법의 힘이 있다. 부모의 관심 밖에 자리하는 공간이기 때문이다. 시간과 공간을 스스로 지배하는 아이들만 창의적이 된다. 무슨 뜻인지 잘 이해되지 않는다면 "제발 아이 좀 내버려두세요!"라는 한마디로 요약할 수 있겠다.

그런데 이를 어쩌나. 이미 어른이 되어버린 우리 중 70~80퍼센트는 '내버려두는' 상태를 일상적으로 경험한 적이 거의 없다. 요즘 트렌드는 뭔지 눈치 보기에 바쁘고, 대세라 여겨지는 걸 쫓아다니고, 줏대 없는 투자 방식 탓에 퇴직금이나 목돈을 날리는 현상들이 그치지 않는 이유도 이와 관련되어 있을 것이다. 그런 현상들이 바로 "받아써라, 받아써!"의 폐해니까.

그러니 필기도구들부터 일단 버리자. 연필, 샤프, 볼펜뿐 아니라 머릿속 필기도구들까지 몽땅 버려야 한다. 그리고 어떤 아이템이 지금 잘 팔린다는 이야기를 들으면 '그 이유가 뭘까?'라는 질문부터 반복하는 습관을 들이자.

더불어 '내가 가장 잘 팔 수 있는 아이템은 무엇인가?'에 대한 답이 확실히 잡힐 때까지 수천 번의 질문과 실험을 반복해야 한다. 학교에서 한 번도 들어보지 못한 "너는 누구니? 또 네 생각은 무엇이니?"라는 질문을 지금 시장이 우리에게 하고 있기 때문이다.

세상에서 가장 희소한 아이템 찾기

지금의 세상은 풍요롭다. 음식, 전자제품, 앱 등 무엇이든 내가 팔고 있는 건 이미 여기저기에 널려 있다. 이런 세상에서 위험한 건 별것 아닌 특징을 가진 상품을 마치 세상에 유일무이한 상품인양 내보이며 과대망상적 자아를 시전하는 일이다. 그런데 그보다 정말로 더 위험한 게 있으니, 가성비 하나로 소비자들의 눈길을 사로잡을 거라 착각하는 것이다.

하지만 내가 무엇을 만들든 무관심으로 일관하던 세상이 내 상품에 관심을 보이는 유일한 경우가 있다. 나라는 개인의 특성, 쉬운 말로 '개성'이 내 상품에 묻어날 때다. 희소성이 세상의 시선을 끌기 때문이다.

나는 비건이라 밖에서 식사를 해야 할 때면 매번 어쩔 수 없이 비건 식당을 검색해서 찾아다닌다. 그러다 하루는 홍대 앞의 어떤 식당에 가게 되었는데, 4평 남짓한 식당 안에 알록달록하고 예쁜 물건들이 전시되어 있었다. '예뻐서 보기 좋네' 하며 무심코 그 물건들을 살펴보다 깜짝 놀랐다. 성생활용품들, 특히 레즈비언용의 상품들이었던 것이다.

그러다 식당 내부에서 일하고 있는 사장님 커플에게도 눈길이 갔는데 레즈비언 커플임을 쉽게 알 수 있었다. 식당 한쪽에는 그들이 쓴 책도 전시되어 있었다. 그 커플의 모습, 그 공간, 그리고 그 공간에 자리한 모든 물품이 그들의 삶을 그대로 웅변하고 있었다.

홍대 앞에 식당은 몇 개가 있을까? 아마 1만 개 이상일 것이다. 1만 곳의 식당 중 단 한 번 방문한 손님의 뇌리에 영원히 기억에 남을 식당은 어떤 곳이겠나? 자신의 삶이 그대로 묻어난 식당이다. 'Be yourself!', 자기 자신이 되란 뜻이다.

답은 의외로 늘 가까운 데 있다. 그런 희소한 것을 찾아내겠다며 구만리를 헤맬 필요가 없다. 세상에서 가장 희소한 아이템은 '나'라는 개인이니까.

소비자들의 기억에 남게끔 하겠다며 온갖 기행을 선보이고, 부도덕한 노이즈 마케팅을 일삼는 건 '영혼을 팔아 남이 되기'의 장사 방식이다. 그와 달리 철저히 나 개인이 된 후, 그 자연스런 상태에서 나와 라이프스타일이 같은 소수에게 차근차근 다가가기는 자연을 거스르지 않는 최선의 장사 방식이다. 요즘 유행하는 식으로 표현하자면 지속가능한 장사쯤이 되겠다.

"당신은 누구인가요? 당신의 의견은 어떠신가요?"

현재 어떤 상품이나 서비스를 팔고 있는지와 상관없이, 우리는 이 질문에 대해 얼마나 생각해 왔고 어디까지 답할 수 있는지 스스로 점검해 봐야 한다. 바라건대 이런 내 글을 꽤 괜찮다 여겨서 어딘가에 받아쓰진 말아주시길.

인생은 투 트랙

암은 암이고, 영수증은 영수증이고

십수 년 전, 학교에서 강의시간 직전에 병원으로부터 전화 한 통을 받았다. 며칠 전에 했던 대장 내시경의 검사 결과가 안 좋으니 내원해서 상담을 받으라는 내용이었다. "'안 좋다'는 게 정확히 무슨 뜻입니까? 암이라는 말인가요?"라고 물으니 "그렇다"는 답변과 함께 정확한 이야기는 의사에게 들으라고 했다.

그때가 오전 9시를 좀 넘은 시각이었는데, 그 이후 3시간짜리 교양 영어 수업을 무슨 정신으로 했는지 기억도 없다. 강의가 끝난 뒤엔 집으로 가서 아내와 함께 병원으로 향했다. 그리고 난생 처음 '대장암 수술이 필요하다'는 통보를 들은 우리는 세상이 무너지는 마음으로 원무과로 갔다. 수납을 마치고 돌아서는 순간

아내는 다시 뒤로 돌더니 여전히 울 것 같은 얼굴로 수납직원에게 말했다.

"저…… 현금영수증 되나요?"

그날의 일화는 두고두고 우리 부부의 웃음 소재다. 또 그와 동시에 영원히 지워지지 않을 '정신력'의 표상이기도 하다. 정신력은 젖 먹던 힘 다해 붕대 감고 뛰는 것이 아니라, 격해진 감정에 마음이 무너질 때에도 자신이 해야 할 것들을 태연히 해내는 '투 트랙 유지력'이라 여겨온 우리 부부의 생각이 현실의 에피소드로 드러난 말이다.

사업과 인생의 공통점

〈라이프 오브 파이〉라는 이안李安 감독의 할리우드 영화가 있다. 난파선에서 가까스로 살아남은 주인공 소년은 막판에 배로 뛰어든 동물원 호랑이와 오월동주 신세가 된다.

망망대해를 적과 동승해 끝도 없이 표류하는 소년에게 최종 승리를 안겨준 힘은 어머니로부터 배운 신앙과 아버지로부터 배운 수학적 사고였다. 신앙은 실존의 상황에서 감정과 직면하는 돌파력을, 수학적 사고는 감정의 파고와 전혀 별개로 현실을 지속하게끔 하는 냉정함을 소년에게 주었다.

소년에게 있어 투 트랙은 희망과 절망이라는 감정뿐 아니라, 이런 감정의 중력을 전혀 받지 않는 차갑고 지속적인 이성이었다. 이 두 가지는 삶의 풍랑이 일렁이는 환경, 그리고 눈앞에 동승해 있는 호랑이란 적을 소년이 물리치게 해주는 무기가 되었다.

열정은 강력하지만 그래서 더 빠르게 우리를 절망하게 할 수도 있다. 냉정은 이롭지만 그것만 갖는다면 도구들은 있으나 열망은 없는 조각가가 된다. 사람은 투 트랙일 때만 고난을 헤쳐 나갈 수 있다. 사업에서도 그렇다.

이러한 투 트랙을 잘 유지한 주인공이 해피엔딩을 맞은 〈라이프 오브 파이〉와 대비되는 영화는 리들리 스콧Ridley Scott 감독의 〈올 더 머니〉다. 이 작품은 석유 재벌 J. 폴 게티J. Paul Getty의 손자가 실제로 유괴당했던 사건을 바탕으로 한다.

J. 폴 게티는 지독히도 냉혹하다. 손자를 납치한 범인들이 요구하는 몸값을 내주지 않겠다고 거부할 정도도. 그러자 납치범들은 손자의 귀를 잘라 보낸다. 제발 돈을 보내 아이를 살려달라고 울며 절규하는 며느리에게 이 자본가 할아버지는 '몸값을 내줄 테니 대신 네 친권을 내놓으라'며 손자의 목숨값을 놓고 흥정을 벌이기까지 한다. 냉정함은 가졌으나 인간미는 없는, '투 트랙'에 실패한 인생이다.

이 영화는 '세상의 모든 돈을 다 가졌다'고 회자되던 이 할아버지가 어쩌다 부자가 되었는지를 웅변적으로 보여주었다. 하지만 '사업을 성공시키려면 이렇게 냉혹해야 한다'는 메시지로 잘못 받아들여선 안 된다. 영화가 아닌 현실에서 J. 폴 게티는 그렇게 모은 재산을 제대로 써보지도 못한 채 갑자기 세상을 떴고, 시아버지의 비정함에 이를 갈던 며느리와 납치범들로부터 살아 돌아온 손자는 그의 재산 모두를 자선 단체에 기부해 버렸으니까. 사업도 투 트랙으로 진행되어야 하지만, 다시 거꾸로 말하자면 인생 또한 그렇다.

냉정과 열정의 균형을 회복하기 위해

학창 시절에 나는 영어공부를 열심히 했다. 그것도 늘 열심히. 남들처럼 입시 준비하고, 남들처럼 친구 만나고, 남들처럼 놀면서도 영어공부를 그렇게 할 수 있었던 것은 좀 기괴하다 싶은 습관 덕분이었다.

나는 엄마와 싸우고 나면 반드시 영어공부를 했다. 낙심하는 일이 생길 때면 단어장을 손에 들었고, 사귀던 여자친구와 헤어졌을 때에도 소리 내어 영어책을 읽고 외웠으며, 친구들을 만나 술을 마신 날이면 집에 돌아와서도 영어책을 보다가 잤다. 다들 나더러 미쳤다고 했다.

하지만 나는 알고 있었다. 열정과 냉정의 '투 트랙 양다리'가 선사하는 가장 좋은 선물은, 하나가 나를 걷어찰 때 다른 하나는 반드시 위로가 되어줄 거라는 걸 말이다. 공부에 진절머리가 날 때면 진이 빠질 정도로 놀아야 하고, 감정선이 요동쳐 마음이 힘들면 공부라는 이성적 활동에 달려들어야 한다. 그래야만 곧바로 열정과 냉정의 균형을 회복해 평정심을 갖게 된다. 수십 번 수백

번 쓰러져도 실패를 교훈으로 흡수하고 바로바로 일어나는 오뚝이들은 이 말이 무슨 뜻인지 바로 알아들을 것이다. 투 트랙이라는 양다리는 그래서 '좋은 양다리'다.

오늘 매상이 0원이라 크게 낙심했는가. 믿고 있던 투자자로부터 안 좋은 소식을 들었는가. 진상인 고객으로부터 심한 갑질을 당했는가. 그럼 책을 손에 들자. 책은 술보다 놀랄 만큼 빨리 정신을 회복시키니까. 암은 암이고 영수증은 영수증이며, 사업과 인생은 투 트랙으로 돌아갈 때에만 정상일 수 있다.

단열단상

청년과 노년

놀며 시도하다가 희망을 발견하면 청년이고,
희망이 보여서 그제야 시작하면 노년이다.
모든 위대한 것들은 청년들의 작품이고
모든 가능성은 놀다가 발견된 것이다.
하다가 되는 것이지
될 것 같아서 하면 늦는다.

좋은 마음으로 잘 이끌려 해도
약은 행동으로 막 속이려 해도
사람들은 잘 따라오지 않는다.
그럼 도대체 무엇으로
난 동지를 얻을까?

2장

직원이 한 명이어도
당신은 사장

소신과 소심 사이

안 때리는 조폭 아빠

사춘기가 되어 한창 반항하던 첫째 딸이 가족 대화 시간에 말했다.

"아빠는 안 때리는 조폭이에요."

무슨 말인가 싶어 물으니 재차 이렇게 답한다.

"대화에 곧잘 응해주시긴 하지만 결국 모든 결정은 아빠가 내리잖아요. 그리고 우린 그걸 절대 거역할 수 없고요."

그러니까 나는 요즘 말로 하자면 '답정너'쯤 되는 아빠였던 것이다. 이 말에 쇼크를 받은 나는 그 후 20여 년을 때리지도 않고 의견도 잘 들어주며, 결정도 아이에게 맡기는 아빠가 되기 위해 무진장 노력했다. 물론 자녀교육에 대해선 예전부터 나름의 소신이 있었다. 그러나 그녀(들)의 인생은 죽이 되든 밥이 되든 그녀 자신(들)이 알아서 살아야 한다고 믿었기에, 내 본성(겉으론 부드러운 편이지만 속으론 굉장히 완고하다)을 거스르는 노력을 마다하지 않았다.

사실 자수성가한 사람들 중에는 이렇듯 '안 때리는 조폭' 스타일의 소신파가 많다. 세상에서 살아남는 법을 스스로 터득했고 또 그 방식 덕에 지금까지 성공을 이뤘으니 그런 이들의 고집은 이루 말할 수 없을 정도로 강하다. 때문에 어떤 것들에 대해선 누가 무슨 말을 해도 아예 귀를 닫고 아무 말도 듣지 않는다. 그렇게 산 덕에 현 위치까지 올 수 있었을 테니까.

그런데 말입니다…… 이젠 환경이 변했다. 지금으로부터 1만 년 전 지구에선 빙하기가 끝나고 기후가 따뜻해졌으며 연평균 기온의 차가 1도 이상 벌어지지 않는 생명의 발흥기가 시작되었다. 세찬 바람이 덜 부니 식물이 번성했고, 기온이 일정하니 동물이 불어났으며, 먹을 게 많아지니 사람들이 모여 살았고, 그러다 보니 문명이 탄생했다.

그리고 그런 변화만큼이나 지금의 세상도 확 변했다. 불과 몇십 년 전의 소신들이 그때는 맞는 것이었지만 지금은 틀린 게 되어버린 이유도 그것이다.

주먹이 울어도 변해야 한다

뭐든 열정적으로 하며 살아온 창업자들의 경우, 그들의 인생 스토리를 거슬러 올라가보면 늘 그런 모범이 되어준 멘토들이 있다. 그 창업자들이 실제로 그들을 '멘토'라 불렀든 아니든, 혹은 그 멘토들의 존재를 의식했든 아니었든.

그 멘토들은 아랫세대를 카리스마적 소신으로 강력하게 이끌었다. 일부러 전화해서 안부를 묻고, 집으로 찾아와 얼굴을 맞대고, 자기 주머니 털어 술을 사주고, 힘들어하면 격려를 해주고, 포기하면 뒤통수를 때리면서 말이다. 선배는 하느님과 동기라고 하던가.

지금의 창업자들 중에는 그런 선배들로부터 소신과 카리스마를 그대로 이어받은 확신형 리더들이 많다. 그리고 그 소신과 카리스마는 자기 혼자 모든 것을 다 처리해야만 하는 창업 초기에 큰 힘을 발휘한다.

문제는 그다음부터다. 누군가 자기 밑에 들어오면 얼마 지나지 않아 파열음이 나기 시작한다. 바로 '그때는 옳았지만 지금은 틀린' 그 소신 때문에.

아무도 카리스마적 리더를 원하지 않는 세대. 스스로 동하지 않으면 아무것도 안 하고, 지시받기를 극도로 싫어하며 자기 멋대로 하려는 세대. 그래서 주먹이 운다며 가르치려 들면 따박따박 옳은 대답들을 하고, 사실상 나보다 똑똑하다는 걸 부인할 수 없는데 그걸 굳이 이겨보겠다며 누르면 역으로 봉변과 망신을 당할 수 있는 세대. 지금은 그런 세대가 당신의 직원, 당신의 알바생, 당신의 고객이 된 세상이다.

유튜브 채널 '다시당'에서 구독자가 댓글로 "리더십이 뭔가요?"라고 물었다. 이 질문에 나는 "목표, 기간, 목표 달성의 주체. 이 세 가지가 구체적이고 명확할 때 셋의 조합에 따라 천 가지 만 가지로 달라지는 것"이라고 대답했다.

한마디로 정해진 답이 없다는 거다. 하지만 경영 쪽이라면 시대에 따라 대체로 이 질문에 대한 정답이 존재한다. 아날로그적 대량생산의 시대에는 위대한 개인으로서의 리더십이 중요했다. 많은 사람들을 일사불란하게 통제해 많은 물건을 빨리 찍어내야 했기 때문이다. 그래서 우리 머리에 일반적으로 각인된 리더상은 깃발을 들고 언덕 너머로 돌진하는 영웅의 모습이다.

여기서 다시 한 번, 그런데 말입니다…… 그런 시대가 완전히 저물었다. 양떼를 이끄는 늑대의 모습을 이제 더 이상 볼 수 없는 것은 그 양들이 모두 여우가 됐기 때문이다.

절대로 일괄통제할 수 없는 집단, 저마다 안 똑똑한 사람이 없는 집단, 한 사람씩 맞춤 처방으로 모셔주기 전엔 말 안 듣는 집단, 아니 일방적 지시는 전혀 먹히지 않는 집단이 지금 당신의 수하에 있다. 바로 이것이 '안 때리는 조폭 같은 아빠'가 '귀 기울여 듣고 자율권을 주는 아빠'로 변해야 하는 이유다.

변하기 싫다고? 그래도 괜찮다. 망하면 되니까.

소심한 리더들의 시대

최근 연구에 따르면 직관적이고 카리스마 있는 CEO보다는 그렇지 않은 CEO들의 성과가 두 배 이상 좋게 나타난다고 한다. 결정이 느리고, 끝까지 데이터(사실)를 살피고, 직원들의 여러 의견에 귀를 기울이는 품성의 리더들이 좋은 결과를 얻었다는 의미이다.

이는 세상이 전처럼 단순하지 않아서 그렇다. 현대는 너무나 복잡해 천재적 리더 한 사람의 안목으로 양상을 분석하고 집단을 이끌어가는 일 자체가 무리인 시대다.

단 한 사람의 천재성이 만들어낸 기업인 듯 보이는 애플도 마찬가지다. 그래서 기술은 기술대로, 디자인은 디자인대로, 마케팅은 마케팅대로 희대의 천재들의 조언에 잡스는 귀를 기울이고 어마어마한 동기부여를 했다. 빠르고 복잡하게, 또 예측을 불허하며 돌아가는 세상에선 누굴 써야 할지 그가 파악하고 있었기 때문이다.

바야흐로 소심한 리더들의 스텔스 리더십이 힘을 발휘하는 시대가 왔다. 소신보다는 사실, 야망보다는 데이터, 열정보다는 윤리, 포부보다는 투명성이 중요해진 시대. 소심한 리더가 소신의 리더를 이기는 이 시대를 환영한다.

VR 세계와 현실 사이의 균형

누가 봐도 코미디

사무실에 오큘러스 VR기기를 마련했다. 몇 년 전 게임방에서 체험해 봤을 때에도 놀라웠는데 정신없이 빠른 기술 개발 속도를 감안하면 지금의 VR 속 세상은 이미 거의 현실이 되어 있겠구나 싶었다. 앞으로 사다리필름에서 만들어내는 콘텐츠들도 결국은 이러한 입체 플랫폼에서 구현될 가능성이 높아질 테니 직원들이 사무실에서 오다가다 미리 체험해 보면 좋을 것도 같았다.

결과는 웃음꽃 만발. 콘텐츠가 웃기기 때문이 아니라 누군가 VR 안경을 뒤집어쓰고 자기만의 세계에 심취해 몸짓 발짓을 하고 있는 모습이 재미있어서였다. 누가 봐도 코미디가 아닐 수 없는 광경.

그러나 남의 그런 모습을 재미있다며 웃던 사람들도 예외는 아니었다. 타인의 시선에서 볼 때는 하염없이 웃음이 나오지만, 막상 자신이 그 안경을 쓰고 그 세계로 들어가 그 게임을 하다 보면 진지해지지 않을 도리가 없다. 남을 볼 때와 자기가 할 때의 반응이 이렇게 다른 이유는 그 순간 각자가 자신만의 세계에 있기 때문이다.

VR 안경을 쓰고 자신만의 세계에 빠져서 타인의 시선을 의식하지 못하는 모습, 또 그 안경을 벗은 뒤엔 VR 속 세상에 들어가 있는 누군가를 다시 내 시선에서 바라보며 사람들과 그 경험에 대해 이야기하는 모습. 이것이 꼭 VR과 현실 사이에서만 볼 수 있는 모습들일까. 사실 우리는 VR 기기 없이도 이미 VR의 세계에 있는 것 같다. 그렇게 믿는 이유 또한 있다.

직장이라는 공간의 본질

아내가 친구를 만나고 와서 하소연한다. 친한 친구이긴 하지만 한 번 이야기를 시작하면 요점도 없는 말을 끝내질 않는 게 너무 힘들단다. 자신이 말하는 데만 몰두해서 듣는 쪽은 전혀 배려하거나 생각하지 않는다는 것이다. 이젠 전화벨이 울리며 그 친구의 이름이 뜨는 것만 봐도 심장이 덜컹할 정도라 한다. 그래서 내가 물었다. "그 친구, 직장생활 안 해본 사람인가 보네?" 아내는 그렇다고 했다.

그 뒤로 별 말을 잇진 않았지만 나는 그 친구가 그럴 만하다고 생각했다. 왜냐하면 사실상 직장이란 곳은 스스로의 VR을 깨고 나와서 다른 사람의 니드need를 가감 없이 확인하는 가장 적나라한 공간이기 때문이다.

물론 사람이 태어나서 사회생활을 배우는 곳은 직장 말고도 많다. 학교가 그렇고 놀이터가 그렇고 뒷골목도 그런 곳이다. 하지만 그런 곳들에선 내가 보는 내 세상 속에서 내 개성으로 밀어붙이는 게 그리 큰 문제가 되지 않는다. 서로 작은 충돌들이 벌어지긴 하나 그 속에는 중재와 화해, 타협이 있다.

놀이터에서의 사회생활은 재미를 목적으로 하기에 충돌이 해결되는 절차도 그리 진지하거나 무겁지 않다. 학교에선 훈육이 이뤄지고 벌칙도 존재하지만 그래도 결국 '갑'은 학생이다. 돈을 내는 건 선생님들이 아닌 학생들이니까.

그런데 직장이란 사회는 이런 곳들과 근본적으로 다르다. 직장은 사실상 인간이 처음으로 발을 들여놓는 '갑들의 집단'이다. 갑을 관계의 원초적 구조는 '누가 누구의 니드를 해결하는가'를 바탕으로 한다. 사원은 대리님의 니드를 해결하고, 과장님은 사장님의 니드를 위해 존재하며, 사장님은 시장market의 니드를 맞추는 자리에 앉아 있다.

직장은 니드와 충족의 생태계이자 그 구성원들의 총체다. 여기에는 VR이 끼어들 자리가 없다. 집에서 제아무리 귀한 대접을 받으며 자란 사람이라도 생애 최초로 완전히 VR 안경을 벗고 다른 사람들의 현실로 들어가야 하는 곳이 직장이다. 창업을 한 사장님이든 급여를 받으며 생활하는 직장인이든, 직장은 그런 곳이라는 본질을 잊는 순간 그와 그의 집단은 쇠퇴의 길로 들어선다. 그걸 원하지 않는 사람은 창업도 취직도 해선 안 된다.

창업자, 프리랜서가 빠지는 함정

그런데 사람의 머릿속은 본질적으로 VR 세상이다. 똑같은 모델을 놓고 열리는 출사 대회에서도 카메라를 손에 든 모든 사람들은 저마다 전혀 다른 느낌의 사진을 찍어낸다. 누군가는 슬픈 사진을, 다른 누군가는 쾌활한 사진을, 또 어떤 사람은 섹시한 느낌의 사진을. 똑같은 영상 푸티지footage에 주제까지 똑같이 주고 편집을 하라고 해도 어떤 사람은 그걸 코미디로, 누군가는 다큐로 만든다.

이렇게 결과물이 서로 다른 이유는 뭘까? 사진은 사물이 아니라 찍는 사람의 마음을 나타내는 결과물이다. 편집은 편집자의 머릿속 상태를 더도 덜도 아닌 그대로 보여준다. 어차피 이 세상은 우리 각자가 자기 머릿속 거울에 비춰서 바라보는 가상의 결과물이다. 우리는 그곳을 벗어나 살아갈 수 없는 존재들이고, 자신이 지어 올린 그 세계의 원칙과 가치에 따라 울고 웃고 괴로워하거나 즐거워한다. 그러니 모두가 저마다의 VR 속에서 살고 있다고 할 수밖에.

이런 점에서 봤을 때 직장은 '극한의 객관'(집단적 주관이라 할 수도 있겠다), 혹은 '타인의 주관'에 센서를 맞추고 생활해야 하는 곳에 해당한다. 그럼 그곳에서 자신만의 VR 시간은 어떻게 누려야 할까?

결론부터 말하자면 VR 장비를 착용해도 될 시간과 그렇지 않은 시간을 구분하지 못하는 사람의 앞엔 비극이 기다리고 있다. 아무리 내 사업, 내 일, 내 고객과 관련된 사안이라 해도 자신만의 VR 장비를 벗고 바라보며 다루지 않으면 실패하고 만다는 뜻이다.

하지만 VR로 들어가는 시간이 없는 사람의 인생은 실패한다는 것도 진리다. 프리랜서나 창업자 들처럼 일하는 시간을 스스로 조절해야 하는 사람들이 빠지는 함정적 무한궤도가 있다.

순서는 이렇다. ① 최선을 다하면 좋은 결과가 있다 → ② 좋은 결과에 맛을 들이면 최고가 되고 싶어진다 → ③ 최고가 되기 위해 휴식을 희생한다 → ④ 휴식 없는 삶의 스트레스를 폭음이나 폭식, 폭쇼핑으로 해소한다 → ⑤ ①~④를 무한루프로 반복한다.

이런 사람들은 자신이 몸도 마음도 잔뜩 병들어 있음을 어느 날 문득 깨닫는다. 이는 자신만의 VR로 들어가 있는 시간을 갖지 않은 결과다. 그곳에만 머물러 있으려는 사람은 한심해지지만 그곳에 들어가려 하지 않는 사람은 불행해진다.

흔히 말하는 '워라밸'은 잘 생각해 보면 VR과 현실 사이의 어디쯤에 있는, 긴장된 밸런싱 지점을 뜻하는 표현이다. 월급 생활자 중에는 이 지점을 노련하게 지키는 고수들이 많다. 하지만 대개의 프리랜서나 창업자 들은 언제나 위험에 노출되어 있다. 자신만의 VR 세계를 너무 등한시한 나머지 몸과 마음을 불태워버리는 위험 말이다. 그렇게 불태웠음에도 아무런 소득이나 열매도 없이 모든 노력이 수포로 돌아가버리면 '나는 지금껏 인생을 낭비했다'고 느낄 수 있다. 어쩌면 세상을 그만 등지고 싶다는 마음이 들 위험까지도 있다.

나는 여러분에게 창업을 권한다. 하지만 자신만의 VR 세상을 떠나 외롭고 쓸쓸하고 고단한 곳에서 돈으로 만든 의자에 앉길 원하는 건 절대 아니다. 워라밸은 직장인이 아닌 창업자나 프리랜서, 바로 당신들의 인생 이슈다. 오늘도 여러분이 어느 지점에선가 손에서 일을 놓고 자신만의 VR 장비를 몇 시간 동안만이라도 쓰시길 간절히 희망해 본다.

'2배수 성장'에 경영자가 취하면

2배수의 법칙

전 세계 직장인을 대상으로 자신에게 이상적인 월급 액수를 조사한 바에 따르면 '현재 월급의 두 배'가 대다수의 답이었다고 한다. 지금 100만 원을 받는 사람이든 1,000만 원을 받는 사람이든 답은 같았다.

창업자(월급 생활을 하더라도 자신의 소명이 뚜렷한 분이라면 난 창업자라 부른다)에게도 이 '2배수의 법칙'은 마찬가지로 적용된다. 현재 1,000만 원의 빚이 있는 사람은 '빚이 500만 원만 되어도 살겠다'고 하고, 매출이 1억 원이면 '2억 원을 찍으면 성공하는 것'이라 여긴다.

이것을 '욕심이 많은 건 인간 본성'이라고 치부하긴 좀 어렵다.

사람들 중에는 욕심 때문이 아니라 하루라도 발전이 없는 상태를 견딜 수 없어 하는 이도 있으니까. 세계적인 소프라노 마리아 칼라스Maria Callas는 자신의 연주 개런티가 음악계 최고의 수준에 이르러 더 이상 높아지는 게 불가능해지자 매번 계약할 때마다 1달러씩만 개런티를 올렸다고 한다. 어쨌거나 이전보다 조금이라도 나아지는 셈이니 말이다.

또 '72의 법칙', 즉 복리 적용에 따라 현재의 자산이 두 배로 불어나는 데 걸리는 시간을 계산하여 성장을 계획하는 분들도 있다. '앞으로 매년 7.2퍼센트씩 성장을 거듭하면 10년 뒤엔 지금의 두 배에 이르는 수입을 올릴 수 있겠다'고 목표를 설정한 뒤 차분히 한 걸음씩 앞으로 나아가는 것이다.

하지만 앞서의 조사결과에서 알 수 있듯 사람들은 '2배수의 법칙'에 더 매료되는 것 같다. 한 번에 두 배로 확 늘어나면 뭔가 훨씬 나아질 거란 환상에 빠져 있는 것일지도 모른다. 왜 우리는 매번 하필 두 배를 외치는 걸까.

폭군의 탄생 배경

공교롭게도 사다리필름은 개업 1년 차부터 매년 두 배씩의 실질성장률을 기록했다. 물론 첫해 매출이 1억 원 미만이었으니 2년 차 때 두 배 성장했다고 해봤자 그저 적자 안 보고 세금 밀리지 않는 수준에 다다른 정도였다.

사실 2020년까지는 '그저 회사 운영을 하다 보니 결과적으로 두 배 성장했다'고 이야기해야 하는 것이 맞다. 그런데 그해 연말이 되어 다음 해 목표 매출을 정할 때의 내 마음은 이전과 조금 달랐다. 아무 합리적 계산이나 근거 없이 그저 '내년에도 두 배는 해야 하지 않을까?' 하며 호기롭고 패기 있게 정했으니까. 그리고 임직원들 중 어느 누구도 나의 그런 목표 설정 방식에 토를 달지 않았다. 우리 모두 내면화된 '2배수 법칙'에 홀려 있었던 걸까.

해가 바뀌고 1분기가 지나 실적이 나왔다. 원래 영상제작 회사의 연초 성적은 그저 그런 정도이기 마련이지만 그 점을 감안해도 처참한 수준이었다. 그럼에도 2배수 성장을 의심하는 사람은 없었다. 몇 달이 흘러 산출된 2분기 성적은 다행히 이전 분기보다 나았다. 회복세가 완연히 나타났고 '뜨거운 가을'로 향하는 좋은 지표가 보였으니까.

그런데 갑자기 요즘 말로 '현타'가 왔다. '올해 매출 2배'라는 목표에 현재 실적이 얼마나 다가가고 있는지에만 나의 온 신경이 집중되어 있다는 사실을 깨달은 것이다. 마치 주식투자를 막 시작해 운 좋게 재미를 좀 보자 거기에 중독되어 매일 20번씩 주식 시황을 확인하는 초보 투자자처럼 말이다. 목표를 이룰 수 있겠다 싶으면 헤헤거리지만 그게 어렵겠다는 생각이 들 때면 짜증을 쏟아내는 내 모습이 어리석게 느껴졌다.

자신이 정한 목표에 신경을 집중하는 것 자체는 훌륭한 자세라 할 만하다. 하지만 그 목표가 도대체 무엇을 근거로 정해진 것인지 스스로에게조차 제대로 설명할 수 없다는 점, 바로 그 점에서 갑자기 '의미의 공황'이 온 셈이었다.

세상에 폭군이 등장하는 데 대해 대개의 사람들은 '한 사악한 개인이나 세력의 발흥'으로 몰아가고 받아들이려는 경향이 있다. 하지만 독재자의 탄생을 연구한 바에 따르면 폭군은 결과를 절대시하는 분위기에서 그 싹을 틔운다고 한다.

제1차 세계대전 이후 전쟁 배상금을 연합국에게 갚느라 독일 국민들은 이중고에 시달렸다. 경제적 수준은 현재의 소말리아 수준으로 급락한 데다, 침략국이란 오명 탓에 민족적 자긍심도 땅바닥으로 떨어졌던 것이다. 이런 환경에서 독일인들은 '독일을 다시 위대하게 만들 수만 있다면 민주주의는 개한테 줘버려도 된다'는 식의 사고방식을 갖기에 이르렀고, 이는 히틀러 일당이 전횡할 수 있는 토양이 되었다. 히틀러뿐 아니라 세계의 내로라하는 폭군들 모두가 이런 토양에서 배출되었다 해도 과언이 아니다.

갑자기 세계사나 정치평론 같은 이야기를 꺼낸 이유는, 바로 우리 내면에도 이런 폭군이 발흥할 때가 있기 때문이다. 그리고 경영자의 내면에 독재자가 등장하면 그 회사의 분위기도 급변한다. 경영자의 명령에 일사불란하게 복종하지 않으면 치도곤을 맞는 전근대적 방향으로.

의미의 공황은 바로 그 폭군이 내 안에 떠오르고 있다는 기미를 알아채는 순간 찾아왔다. 그 폭군을 잉태한 바탕은 '2배수 성장'이라는 무조건적 결과론의 강요였다. 우리의 조그만 사업이 지금까지 (초기였던 덕에) 2배수 성장을 기록한 것은 사실이다. 하지만 새로운 먹거리나 혁신적 비즈니스 모델을 찾은 것도 아닌데 오로지 그 사실만을 근거로 '내년에도 2배수 성장!'을 외친다는 게 말이 되는 일일까?

설사 그렇게 될 가능성이 있다 해도 시장 상황이나 사내 프로세스 혁신과 상관없이 무조건 계속 두 배씩 성장해야 한다는, 그저 희망하는 수준 이상의 강한 목표를 설정한다는 것 자체가 폭력이란 생각이 들었다. 도대체 무슨 근거로 나는, 또 회사의 임직원들은 이런 목표를 감당해야 하는 걸까?

개선과 혁신, 그리고 시장

일본에 사는 한국인이 10년 전 오랜만에 조국을 방문했다가 놀란 점이 있다고 했다. KTX 역에 개찰구가 없더라는, 그럼에도 아무 문제가 없더라는 것. 이 이야기를 하면서 그가 내린 진단이 촌철살인이다.

그에 따르면 '개선'은 1.0을 1.1, 1.2……로 만들어가는 일이다. 일본은 이런 방식을 거치며 완성을 추구한다. 그런데 한국은 중간 단계들을 생략하고 1.0에서 곧장 2.0으로 뛰어오르는 데 능하다. 이런 걸 '혁신'이라고 한다.

혁신 없이 개선만으로 2배수 성장을 해야 한다며 다그치는 것은 억지 중의 억지다. 그저 우리 내면에 근거 없이 존재하는 '2배수 성장'이란 사이비 종교에 경영자가 빠져드는 순간, 머리부터 발끝까지 회사의 모든 부문에서는 고생과 불행이 시작된다.

코로나19 이후 모두가 어려운 지금 어떻게 성장 같은 배부른 소리를 하냐 할 수도 있다. 하지만 여기서의 2배수에는 현재의 빚을 2분의 1로 줄이는 것도 포함된다.

플러스 성장이나 마이너스 성장, 실적 상승이나 실적 감소에 대한 예측은 개선의 정도, 혁신의 가능성, 그리고 결정적으로 그것들의 모태가 되는 시장 상황을 철저히 파악하는 데서 기인해야 한다. 의미의 공황에 한 방 얻어맞으면서 나는 이 말을 수시로 스스로에게 해주지 않으면 큰일나겠다는 생각을 하게 되었다.

꼼꼼하면서도 사실과 정보에 근거한 안전경영을 추구하는 분들은 상황이 나을 수도 있다. 하지만 나처럼 직관적이고 성격 급하며 '나는 전략적으로 움직인다'고 자인하는 스타일의 분들이라면 침착히 땅바닥에 앉아 한번쯤 찬찬히 훑어봐야 한다. 자기 안의 목표는 얼마나 합리적인지, 자신도 혹시 '2배수 성장교'에 포섭되어 빠져 있는 것은 아닌지 말이다. 자기반성과 성찰은 도덕 교과서가 아닌 경영 교과서에서 오히려 큰 힘을 발휘하는 미덕이 되어주니까.

두 번 묻지 않는 사람들과의 동거

'자기들끼리만 먹고 말이야……'

고 2 때 우연한 계기로 한 미국인 선교사의 집을 방문한 적이 있다. 난생 처음으로 미국인의 집에 들어선 나는 그들의 거실을 신기한 눈으로 두리번거리며 또래인 선교사 아들과 대화를 나누었다. 그때 선교사의 아내 되는 분이 "샌드위치 먹을래요?"하고 내게 물었다.

난 그냥 한국식으로 "괜찮다"고 대답했다. 그랬더니 그들은 나만 빼고 다들 모여 샌드위치를 먹는 게 아닌가!

'아니, 나도 배고픈데 자기들끼리만 먹고 말이야……. 왜 두 번 묻지 않는 거지?'

'괜찮습니다'를 세 번쯤 반복할 때까지 계속 권하는 우리 문화에 익숙했던 나는 그렇게 문화충격이라는 걸 강하게 겪었다. 그날 허기의 참교육으로 배운 것도 있다. 서구인은 자신에 관한한 '네/아니오'가 분명하고 어느 누구도 다른 이를 '눈치로' 따로 챙겨주진 않는다는 점이었다.

에둘러 말하고 대충 눈치로 배려하는 문화는 벼농사 사회의 산물이다. 개인과 개인의 경계가 모호하고 분위기를 기준으로 서로 공유하고 살아가는 문화. 하지만 서구는 처음부터 개인이 자신의 이익을 스스로 알아서 챙기고 주장하는, 그렇게 하지 않으면 '국물도 얻을 수 없는' 문화를 발달시켰다. 물론 이건 그들이 이기적이라는 게 아니라, 글자 그대로 개인이 알아서 하는 성향이 강하다는 뜻이다.

느닷없이 문화 운운하는 이유는 내가 그날 겪은 그 개인적인 미국인들보다 현재 우리나라 MZ세대의 개인성이 더하면 더했지 결코 덜하진 않다는 이야기를 하고 싶어서다. MZ세대는 두 번 묻지 않는다.

존중받지 못한 CEO

하루는 사다리필름의 직원들에게 CEO로서의 불만을 강도 높게 토로했다. 사다리필름은 자신의 일을 스스로 알아서 하는 팀제 수평 구조의 회사를 지향한다. 그러다 보니 부득이하게 초래되는 부작용들이 있는데, 그중 하나는 아무도 CEO가 무엇을 원하는지 신경을 안 쓴다는 것이다. 쉬운 말로 하자면 아무도 내 눈치를 안 보는 분위기.

그래서인지 업무를 부탁해도 "제가 처리해야 할 일들이 다음 달까지 쌓여 있어서 안 돼요"란 말을 노상 듣는다. 한두 번도 아니고 이런 상황이 계속되니 '이러려고 내가 회사를 창업했나' 하는 자괴감이 든다. 기본적으로 회사의 수장에 대한 존중은 있어야 하는 것 아니냐, 아무리 시대가 변했어도 대놓고 나에게 '노'를 하는 건 아니지 않냐…… 등 마구 화를 냈다.

그런 내게 돌아온 젊은 매니저들의 대답은 이거였다. "그걸 왜 이제야 이야기하시는 거예요." 배고프면 배고프다고 말해야 하는데 그땐 괜찮다고 했으면서 왜 이제 와 샌드위치 타령을 하냐는 반응이었다.

'아이고, 미국 사람들보다 더한 인간들'이란 생각이 순간 올라왔지만 불평을 늘어놓는 것 이상은 할 수 없었다. 업무의 상당 부분을 상사 눈치 보며 그에 맞추다 보면 에너지가 엄청나게 소모되고, 결과적으론 그렇게 줄어든 에너지만큼 일 또한 축난다는 걸 내가 누구보다 잘 알고 있기 때문이다.

야단을 친 건 나였지만 행동을 고치는 쪽도 결국 나일 수밖에 없다. "배고프니 주세요"라 직접적으로 말하지 않고 에둘러 표현하는 사람에겐 샌드위치가 주어지지 않는다. 그래, 미국에 이민 온 셈 치는 거다.

나중에 울지 말고 그때그때 말하자

사람과 사람의 거리는 문화의 DNA다. 예전의 한국 사회처럼 관계의 농도가 짙은 사회에선 서로가 안전망이 되어주는 대가로 비리와 불합리가 만연하기 쉽다. 반대로 얕고 넓게 관계가 형성되는 사회에선 서로가 친하지 않으니 투명하지만 봐주기 역시 없다. '국물도 없는' 곳이 되는 것이다. 모든 일이 칼같이 돌아가는 투명한 회사는 그만큼 개인의 맥락에 관심을 갖기가 어렵다.

어릴 때 내가 배웠던 한미 교육의 확연한 차이는 '한국에선 부모 눈치 보는 걸 가르치고, 미국에서는 부모로부터 독립하는 걸 가르친다'였다. 지금 우리가 직원으로 데리고 있는 젊은 세대는 미국인들만큼은 아닐지언정 부모 눈치 보지 않고 개인성이 강화된 세대다.

늘 다른 사람들의 맥락을 살피는 눈치가 필요 없는 곳에선 명확한 의사표현이 유일한 소통 수단이 된다. 내가 뭔가를 원하는지 아닌지, 뭔가가 좋은지 싫은지, 내 뜻은 긍정인지 부정인지를 명확히 해야 한다. 물론 상대의 기분을 상하지 않게 하면서 표현하는 게 어렵긴 하지만.

게다가 말로만 해선 안 되고 가급적 써야 한다. 말은 휘발하고 감정은 필요에 따라 기억을 왜곡하니 슬랙Slack 같은 사내 통신망에 자신의 의사를 글로 남겨야 한다. 그렇게 하지 않고 '저 사람이 알아서 해주겠지' 하며 내버려두었던 것들은 고스란히 내 리스크로 되돌아온다. 나중에 섭섭하다 말해 봐야 "왜 그때 말하지 않았냐"는 힐난만 듣는 것이다. '깨어보니 선진국'이란 말은 '깨어보니 아무도 내 샌드위치에 신경쓰지 않는 나라'에 살게 됐다는 의미이기도 하다.

나는 1964년생이다. 소위 '낼모레 환갑'인 나이지만 스스로 라떼형 아재가 아니라고 자부하며 산다. 그럼에도 마음속 깊은 곳에 숨겨둔 자기고백을 하자면 나는 눈치 보며 할 말 참는 구세대이기도 하다. 하지만 나를 위해 일해 줄 사람들은 알바생에서 팀장에 이르기까지 이젠 거의가 젊은이들이다. 불만을 토로하고 난리는 쳤지만 난 안다. 그들을 바꿀 수 없다면 내가 바뀌어야 한다는 것을.

그래서 베이비부머와 X세대 여러분께도 제안을 드린다. 할 말은 그때그때 하자. 샌드위치 차 떠난 다음에 손 흔들며 꺼이꺼이 울지 말고.

다 나 같은 줄 알면 망한다

시켜야 하는 사람은
다 자기 같을 줄 알고 일일이 시킨다.
알아서 하는 사람은
다 자기와 똑같이 일할 줄 알고 간섭을 안 한다.
그래서 두 가지 경우 모두 망하고 만다.
세상에 나 같은 사람은 나 말고 없다.
사람을 살피고 때를 맞추어 적절히 개입하자.
그게 말처럼 쉽지는 않더라도.

공간은 모든 것이다

친소관계 지배자

23세 때 처음 취직한 곳은 강남의 M 학원이었다. 2층짜리 학원의 가장 후미진 곳에는 강사 휴게실이 상담 및 행정을 위한 공간과 뚝 떨어져 자리하고 있었다. 강사들의 라커와 함께 소파도 놓여 있어 강의가 없을 땐 쉬고 우리끼리 수다도 떨 수 있는 공간이었다. 10평 남짓한 공간에 20명 이상의 강사들이 드나들었으니 당연히 그 관계 또한 친밀하지 않을 수 없었다.

문제는 그 친밀성 자체가 아니라 강사들은 강사들끼리만, 행정직원들은 행정직원들끼리만 친밀했다는 것이다. 이 두 그룹은 같이 밥을 먹는 일이 전혀 없었고 작은 사안에 있어서도 서로를 불신했다. 당시 사회 초년생이었던 나는 '강사들과 행정직원들은 원래 천적 관계인가 보다' 하며 그러려니 했지만, 이후 다른 곳에서 직장생활을 하면서 그게 사실이 아님을 깨달았다.

그렇다면 M 학원에는 도대체 무슨 문제가 있었던 걸까. 그건 더도 덜도 아닌 '지역감정'이었다.

공간이 낳는 관계

같은 시간, 같은 학창 시절을 보내도 기억나는 건 랜덤으로 맺어진 짝꿍들이다. 우리는 그들과 무엇을 공유했을까. 그저 공간뿐이다.

접촉은 영향을 남기고 지속적인 상호 영향은 관계로 남는다. 폐쇄된 곳의 사람들은 점점 외부와의 관계가 단절되면서 불신을 쌓아가고 자신들만의 문화와 행동양식을 형성한다. 갈라파고스가 되어가는 것이다.

M 학원의 행정직원들과 강사들 사이의 고질적인 불신 관계는 결국 공간에서 잉태된 문제였다. 나는 서로 마주칠 일 없는 공간이 심각한 불신 관계를 만들어냈다고 생각한다.

이 점을 확신했기에 나는 실제로 학원을 만들었을 때 꼭 하고 싶었던 실험을 행동으로 옮겼다. 학원 공간을 최초로 설계할 때 상담실, 원장실, 행정실, 강사들의 라커룸과 휴게실 등을 모두 하나의 공간에 통합한 것이다. 살짝 낮은 칸막이로 구분하긴 했지만 공간을 벽으로 잘라내진 않았다. 앉으면 자기 공간이었지만 일어서면 모든 것이 보였으니까.

적어도 내가 보기에 그 실험은 성공적이었다. 개방적 구조 덕에 경영진과 행정직, 강사직 구성원들이 서로 격의 없이 어울렸고, 이런 분위기는 학생들과의 친밀함으로까지 이어졌다. 얼마나 분위기가 좋았던지 1990년대에 그 학원을 다녔던 이들이 아직까지도 심심찮게 연락을 해오곤 한다. '그때 정말 재미있었다'면서.

재미있는 사실이 있다. 밀을 재배하는 지역의 사람들은 벼농사 지역의 이들보다 훨씬 개인적이라는 것이다. 연간 강수량이 적은 밀농사 지역에서는 땅이 단단해 주로 돌로 벽을 쌓아올려 건물을 지었다. 그와 달리 비가 많이 오는 벼농사 지역에서는 주춧돌을 놓고 기둥을 세워 지붕을 얹었다. 돌 같은 무거운 재료로 벽을 쌓으면 우기에 물러진 땅에서 기울어져 넘어질 가능성이 있었기 때문이다.

건축가들에 따르면 서양의 건축물과 동양의 건축물을 머리에 떠올리기만 해도 직관적으로 알아챌 수 있는 차이가 바로 이 점에서 기인했다고 한다. 내력의 기반이 벽이다 보니 창을 많이 뚫지 못하는 서양의 주택은 외부에 대해 폐쇄적이고 개인적인 공간일 수밖에 없다. 그와 달리 기둥만 세우고 나머지 공간을 창호 등으로 막은 동양의 주택은 내외부의 구분이 모호하다.

이는 비단 건물 스타일의 특징뿐 아니라 동서양의 인간관계가 각각 갖는 특징을 그대로 보여주는 것이기도 하다(물론 밀농사는 혼자 할 수 있는 반면 벼농사는 마을 주민들이 힘을 합쳐야 가능하다는 점도 작용했겠지만).

수천 년간 동서양에서 쌓인 이런 공간적 차이는 엄청난 사고의 차이로 이어졌다. 그리고 플라톤, 아리스토텔레스, 피타고라스, 공자, 노자, 석가 등 기원전 500년 즈음에 나타난 동서양의 스타급 현자들은 그 사고의 차이를 철학으로 정리했다. 그 철학이 오늘에까지 이르고 있다는 사실 앞에서 우리는 '공간이란 도대체 어디까지 인간을 지배하는가'라는 문제를 두고 진지해지지 않을 수 없다.

그런데 내가 지금 이렇게 하염없이 옛날이야기를 하는 이유는 뭘까? 내 작은 사무실에서도, 가게에서도, 집에서도 여전히 공간은 거의 모든 것을 지배하고 있기 때문이다.

사무실 책상을 재배열하면서

최근 사다리필름은 사무실의 책상을 재배열했다. 60퍼센트 이상의 직원들이 코로나19 이후 재택근무 중이긴 하지만, 출근이 필수적인 직군에 한해서만큼은 그런 시도를 해본 것이다.

우리는 원래 벽을 향해 일렬로 나란히 붙어 있었던 사무실 책상들을 네 개씩 그룹 지어 서로 마주보게 배치했다. 또 가로 길이가 120센티미터 정도였던 책상을 160센티미터 정도의 널찍한 것으로 바꾸고, 칸막이를 설치하되 낮게 하여 프라이버시와 개방성의 타협점을 찾으려 했다.

고작 책상 배치에 대해 머리를 싸매고 생각하며 회의에 회의를 거듭한다는 게 의아하게 느껴질 수도 있다. 그러나 지금 세팅하는 공간이 이후 조직 구성원들의 친소관계, 조직의 수평성 혹은 위계성, 그리고 업무의 프로세스 및 효율 면에서 큰 차이를 가져올 거란 점을 생각하면 절대 대충 결정해선 안 된다는 게 우리의 생각이었다. 사람은 환경에 영향을 받는 존재이고, 공간은 사람에게 영향을 주는 음향적·미술적·구조적·향취적 환경을 모두 담고 있는 플랫폼이니 말이다.

직원들의 책상이 앞쪽을 향해 오와 열을 맞춰 놓여 있고 그들의 맨 뒤에는 감시자의 책상이 자리하는 사무실 구조를 상상해보자. 누가 그런 곳에 수평성이 있다고 느낄 수 있을까? 또 이리저리 가벽이 쳐진 공간에서 누가 개방적 협의의 가능성을 상상할 수 있을까?

'지리는 모든 것이다'라는 말이 있다. 강대국의 탄생과 흥망은 결국 지리적 환경이나 조건에 달려 있다는 주장이다. 이때의 지리는 곧 '지구 위 공간의 세팅'과 같은 뜻이다. 미국은 미국이란 지정학적 공간이 없었다면 탄생이 불가능했을 것이다. 중국은 세상으로 나아가는 공간이 사방으로 막혀 있기에 일대일로一帶一路 정책으로 그 지리적 상황을 타개하려 안간힘을 쓰고 있다.

매장의 위치는 사업의 흥망을 좌우하는 중요 공간 요인이다. 하지만 매장 내부 혹은 사무실 내부의 공간 설정이 고객과 직원에게 얼마나 큰 영향을 미치는지에 대해 대부분의 경영자·운영자는 상대적으로 별 신경을 쓰지 않는다. 그저 그렇게 하면 편리할 것 같아서, 보기에 좋을 것 같아서 책상을 놓고 동선을 짜고 조명을 설치했다면 곰곰이 뒤돌아보고 신중히 재배치해 보길 강력히 권한다. 당신이 그토록 바라던 소기업 경영자의 리더십이 바로 그 책상 배치에 달려 있을지도 모르기 때문이다.

기억하자. 공간은 곧 모든 것이다.

모든 상황에 좋은 리더십은 없다

상황별로 달라지는 리더십

누군가 "기획이란 뭔가요?"라 물으면 나는 "기획의 목적이 뭔데요?"라 되묻고, "좋은 영상이란 어떤 건가요?"라 물으면 "영상의 목적이 뭔데요?"라고 답하게 된다. "어떤 책이 좋은 책인가요?"라는 질문에도 역시 같은 답을 하게 되지 않을까.

조직을 이끄는 리더에 대해서도 마찬가지다. "어떤 리더십이 좋은 리더십인가요?"에 답하자면 상황에 따라 지장智將의 리더십일 수도, 혹은 덕장德將이나 용장勇將으로서의 리더십일 수도 있다.

목적이 무엇인가, 구성원은 어떤 이들인가, 시간은 얼마나 남았는가에 따라 그에 필요한 리더십 유형도 각기 달라진다. 리더십은 이 요소들을 정확히 파악하고 연출하며 실행하는 능력의 총

합이라 할 수 있다.

다음은 이 세 가지 요소의 조합으로 형성되는 리더십 유형 네 가지를 지극히 주관적인 내 시각에서 한번 정리해 본 것이다.

① 구국의 영웅형

이순신 장군이 이 유형의 대표적 인물이다. 난세에 혜성처럼 나타나 공동체를 구하는 리더의 특징은 결단력 있고 통솔력 있고 강직하다는 점이다. 하지만 민주적인 면모는 약하다.

민주주의는 절차의 다른 말이다. 하지만 500척의 왜선이 지금 부산 앞바다로 다가오고 있는데 그들과 맞설 전략을 민주적 의사결정에 맡긴다면 장군의 도리가 아니다. 진정한 장군이라면 밤을 새서라도 작전을 짜고 새벽에 배를 띄워 나가야 한다.

월드컵이 앞으로 몇 달밖에 안 남았는데 갑자기 새로운 감독으로 부임해 팀을 이끌어야 한다거나, 기울어가는 회사에 CEO로 취임해 단 1년 만에 실적을 내야 한다거나, 스튜디오 렌트 시간이 고작 1시간 남았을 뿐인데 촬영해야 하는 분량은 아직도 한참 남아 있는 상황이라면 어떻게 해야 할까?

이런 상황에서 필요한 리더는 과단성 있게 반론을 잠재우고 조직을 지휘할 수 있는 용장이다. 독재가 늘 악인 건 아니다.

② 관리의 귀재형

모세라는 리더는 이스라엘 민족을 가나안까지 이끌었고, 그들이 가나안에 입성한 뒤부터는 여호수아라는 인물이 리더를 맡았다. 일본에서 천하를 평정한 건 도요토미 히데요시였고 통일천하를 잘 관리한 건 도쿠가와 이에야스였다던가.

그렇게까지 역사를 거슬러 올라가지 않아도 비슷한 예를 찾을 수 있다. 우리는 스티브 잡스가 세계를 평정하고 팀 쿡이 애플을 이어받아 (혁신성은 떨어지지만) 재정적 면에서 절정을 이루었음을 잘 알고 있으니까.

난세에 없던 시스템을 누군가 우뚝 세운 뒤, 그걸 수리하고 개선하고 완성하는 사람은 관리형 리더다. 관리형 리더의 특기는 돌파가 아닌 융화다. 이들은 인간에 대한 애정이 크고 중재에 능하며 숫자와 시간에도 밝아서 도무지 빈틈을 찾을 수 없다. 이들은 사실 '구국의 영웅'형과 정반대 성향이라 서로 심하게 반목하는 경우도 있지만 호흡이 잘 맞는 좋은 파트너가 되기도 한다. 잘나가는 회사엔 거의 이 두 유형의 리더가 공존한다.

③ 제갈공명형

배짱으로 난관을 뚫는 리더, 밸런스로 조직을 유지하는 리더와 다르게 이들은 식견과 지혜로 구성원을 이끈다. '관리의 귀재'형 리더가 대화로 상대를 이끈다면 이들은 가르침으로 상대를 깨우

치고 절묘한 문제 해결책을 제시한다. 이런 유형의 리더는 힘과 용기, 혹은 관심과 보살핌보다 문제 상황을 풀어나가는 해법을 알고 있다는 점으로 사람들의 존중이나 복종을 끌어낸다.

구성원이 많고 시간이 급박할 때는 '구국의 영웅'형이, 틀은 갖춰졌으나 불안정해 보완이 필요할 때 '관리의 귀재'형이 요구된다. 그와 달리 혜안을 가진 '제갈공명'형은 안정적 상태가 유지되고 있지만 새로운 활로를 모색해야 할 때 빛을 발한다. 전략이 가장 필요할 때는 '적이 보이지 않을 때'니까.

④ 입헌군주형

조직의 기틀이 서고, 관리 및 개선을 거쳐 매뉴얼이 완비되고, 미래 먹거리에 대한 전략이 수립되어 역동적으로 실천되고 있을 때 요구되는 이 유형은 '영국의 왕' 같은 존재라 할 수 있다.

이 조건들이 성립하지 않는 경우 이런 리더는 그 존재에 대한 의구심을 계속 불러일으킨다. 하지만 돈과 지식, 외양도 갖춘 조선 시대 상민들이 결국 필요로 했던 것은 '양반 인증'이었듯, 모든 필요조건을 갖춘 조직에게는 '입헌군주'형 리더가 이상적이다. 대외적으로 회사의 공신력과 도덕성을 드러내고, 그 손에는 피 같은 걸 묻히지 않은 우아한 수장일 수 있기 때문이다. 이런 리더는 대개 앞에 열거한 실질적 리더와 공존할 때가 가장 좋다. 영국이나 태국 같은 대부분의 입헌군주 국가가 그러하듯이.

아이들을 리더로 키우라거나, 리더십이 있어야 사업도 한다거나 하는 소리를 여기저기서 많이도 하는 세상이다. 그 때문에 괜스레 '나도 리더십을 갖춰야 할 텐데' 하는 압박감에 시달리는 분들 또한 적지 않다. 하지만 다시 한 번 강조해서 말씀드리자면 모든 상황에 좋은 리더십 같은 것은 없다.

지금 당신에게 필요한 리더십은 현재의 당신 사업 상황이 요구하는 바로 그 리더십이다. 그래서 좋은 리더는 변신하는 리더이고, 완벽한 리더십이란 내 사업의 상황에 따라 늘 변할 수 있는 능력을 가진 리더십이다.

지금 당신의 리더십은 변하고 있는가.

길을 닦아야 차가 간다

경영자인 당신은 불도저이고,
직원인 그들은 자동차다.
그러니 직원들에게 길 닦으라
독촉하지 마라.
자동차가 달릴 수 있게끔
길을 닦는 것이
불도저의 역할이니까.

미리 떼어놓기 신공

경영에 배어나는 어릴 적 습관

어릴 때 가정교육을 제대로 받지 않으면 절대 할 수 없는 것이 있다. 바로 저축이다. 어떤 부모든 자녀에게 저축하라는 말은 한다. 하지만 저축 교육은 자녀가 용돈을 받았을 때 미리 일정 부분을 떼어놓도록 철저히 가르치는 집에서만 성공한다.

똑같이 저축하고 있다고 말해도 누군가는 수입이 생기면 그중에서 자신이 소비할 돈을 떼어낸 나머지를 저축하는 반면, 다른 누군가는 자기가 쓸 돈을 모두 쓴 뒤 남은 것을 저축한다. 둘 중 어느 쪽이 더 빨리 목돈을 만들지는 모두가 알 것이다.

요즘엔 저축이 아닌 주식투자나 코인으로 큰돈 벌었다는 사람들도 많다. 하지만 그렇게 생긴 큰돈에서도 상당 부분을 미리 떼어놓는 습관을 가진 이들만 돈 간수에 성공한다. 일확천금을 얻은 사람들 중 99퍼센트는 가진 돈 모두를 탕진하고 망한다는 구체적 통계가 있을 정도다.

고백하건대 나는 이런 습관을 들이지 못했다. 수중에 돈이 있으면 써버리는 버릇만 있었을 뿐이다. 무서운 사실은 그런 습관이 경영에도 그대로 묻어난다는 점이다. 안에서 새는 바가지가 무슨 재주로 밖에서 멀쩡하겠는가.

이런 유의 사람들은 자신이 무슨 노스트라다무스라도 되는 양 행동한다. 어느 날 골똘히 생각에 잠겨 있다가 갑자기 꼭 필요한 투자를 떠올린다. 촉이 왔다 싶으니 앞뒤 안 보고 지른다. 지구가 멸망해도 자기는 살아남게 해줄 신박한 투자라 여기며 광고비를 집행하고, 시설을 증설하고, 직원도 대규모로 충원한다. 그 결과는 당연히 적자다.

지금의 시장은 과거의 인과 법칙이 통하지 않는 '아무도 모르는 시장'이다. 이런 곳에선 유튜브 콘텐츠를 만들 때처럼 시험적으로 조금씩 잘라 시도하고 수없이 고쳐나가는 방식만 유효하다. 코로나19 같은 급변 사태에 대비해 반드시 현금을 유보하고 있어야 하는 건 말할 필요도 없다. 사업상 무엇을 하든 '미리 떼어놓기'가 기본이 된 것이다.

그런데 '돈 미리 떼어놓기'를 기가 막히게 잘하는 사업자도 대부분 잘 못 하는 것이 있다. 다름 아닌 '시간 미리 떼어놓기'다.

짬짬이 마련한 시간

대학 교수 임용에 지원했을 때 저서를 써내라 하기에 아무 생각 없이 온라인서점 사이트 검색창에 내 이름을 입력했다. 그런 뒤 나온 결과는 내 눈으로 직접 보고도 너무 놀라서 지금까지 잊을 수 없다.

'문단열'이란 이름을 달고 나온 저서가 무려 146종이라니! 이건 자랑이 아니라 웃겨서 하는 말이다. 내가 얼마나 부채에 시달렸으면 십수 년 동안 이렇게나 많은 책을 쓴 걸까. "창작열의 비결이 뭐냐"라는 기자의 질문에 어느 영화감독이 "부채는 나의 힘"이라 웃으며 답했다던데, 그게 남 얘기가 아니었던 것이다.

여하튼 평생 한 권 내기도 힘든 책을 100권이 넘게 언제 썼을까. 미리 돈 떼어놓는 걸 잘 배운 기억은 없지만 대신 우리 부모님은 '중요한 것을 위해 시간 떼어놓기'만은 확실히 가르치셨다.

삶의 어떤 패닉이 닥쳐도 나는 무조건 독서로 하루를 시작했고, 그렇게 아침에 떼어놓은 시간은 점차 글을 쓰는 시간이 되었다. 사람을 만나러 나가거나 관공서 등을 갈 때면 언제나 책을 갖고 다녔던 습관은 이제 모든 약속 장소에 노트북을 지니고 외출하는 습관으로 발전했다. 상대가 조금이라도 약속 시각보다 늦게 나오면 그 시간에 글을 쓰기 위해서다.

하루 중 그렇게 짬짬이 마련한 시간을 통해 100권의 책이 나올 수 있냐고? 내 손목을 걸고 내기해도 좋다. 하루를 걸레 짜듯 쥐어짜면 굳이 따로 빼지 않아도 4시간 30분가량의 '짬 시간'이 나온다. 따로 떼어놓는 시간을 얘기하다 왜 짬 시간 운운하는 거냐고 항의할 수도 있겠지만 잘 생각해 보자. 갑자기 만들어질 짬 시간을 '노리고 준비하는' 행위는 시간을 '떼어놓는' 행위와 같다.

지금 세상은 너무 빨리 변한다. 재벌 회장님은 박사급 직원을 고용해 일을 시키면 되지만 보통의 개인들은 스스로 공부하지 않으면 망한다. 그럼 그 공부는 도대체 언제 해야 할까? 미리 떼어놓은 시간이 없으면 공염불이다. 발전을 거듭하는 소수의 경영자와 환경 탓만 하는 대다수 경영자들은 이 지점에서 갈린다.

번아웃을 피해 가려면

그런데 '돈 미리 떼어놓기'와 공부를 위한 '시간 미리 떼어놓기'에 모두 성공한 (자기)경영자라 해도 피할 수 없는 게 있다. 바로 번아웃이다.

쉽게 말해 '미리 떼어놓기'는 일종의 '과락科落 테스트'이고, 이 테스트는 세 과목으로 구성된다. 세 과목 중 둘은 돈과 시간이다. 나머지 하나는 소중한 이들과 함께하기 위한 여유다. 단백질과 탄수화물, 지방 중 어느 하나라도 부족하면 누구나 쓰러지듯, 돈과 시간을 미리미리 잘 떼어놓는 사람이라 해도 이런 여유를 마련하는 데 실패하면 번아웃과 맞닥뜨린다.

열심히 일하며 삶을 살아가는 이들일수록 휴식하며 주의를 전환시킬 수 있는 환경을 필요로 한다. 그리고 소중한 사람들은 그런 환경을 가장 강력하게 마련해 주는 존재다. 가족, 연인, 벗을 위한 여유는 이것저것 다 하고 남는 시간 속에서 찾을 수 없다. 세상에 '남는 시간'이란 없기 때문이다.

많은 이들의 스몰 비즈니스가 성공하길 바라며 내가 아는 것들을 나누는 글을 쓰고는 있지만, 누구보다 소중한 이들이 내 주위에 없다면 그렇게 성공한들 뭘 할 텐가. 그들을 위한 여유를 '미리 떼어놓는' 신공을 닦지 않는 것은 진정한 성공의 성채를 향해 가면서도 정작 그 성채의 문을 열어줄 열쇠는 챙기지 않는 것과 같다. 사람은 빵으로만 사는 게 아니라서다.

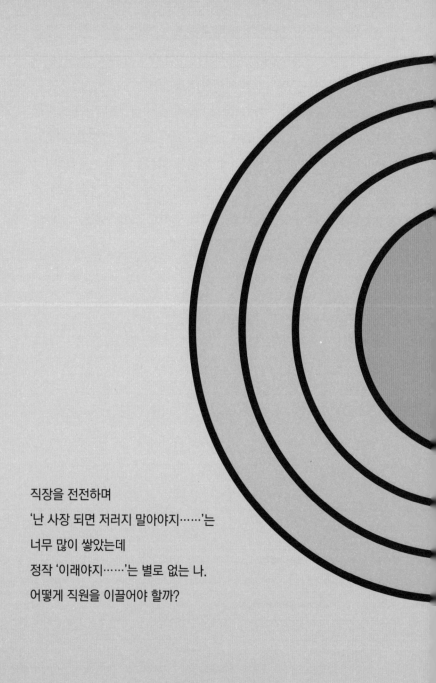

직장을 전전하며
'난 사장 되면 저러지 말아야지……'는
너무 많이 쌓았는데
정작 '이래야지……'는 별로 없는 나.
어떻게 직원을 이끌어야 할까?

3장

회사는
가족인가

새로운 예의의 시대

외국인은 한국인보다 예의바르다?

나는 중학교 때부터 영어에 관심이 많았다. 한국어와 영어에서 나타나는 그 무수한 표현의 차이들, 그중에서도 특히 흥미로웠던 것은 'thank you'와 'excuse me'의 용법이었다.

이 둘은 기본적으로 사회관계의 성격을 규정하는 표현이다. '고맙다'와 '미안하다'란 표현이 존재하지 않는 언어가 있겠으며, 그 뜻을 모르는 인류가 존재하겠는가. 한국 역시 마찬가지일 것이다. 그런데 요상하게도 내가 영어공부에 한창이었던 중·고·대학교 시절의 한국인들은 이 두 가지 사회적 일상 언어, '감사합니다'와 '실례합니다'를 좀처럼 입에서 꺼내지 않았다.

식당에서의 예를 들어보자. 어린 시절 나는 서빙 담당 직원이 우리 테이블에 음식을 내려놓을 때 "감사합니다"라고 말하는 어른을 본 적이 거의 없다. 지금의 젊은이들이라면 의아해하겠지만 정말로 그랬다. 직원이 음식을 서빙하는 것은 모두에게 그저 당연한 일이었고, 그래서 손님들은 아무 말도 하지 않았다.

길거리나 지하철 등 공공장소에서 피치 못하게 다른 이와 몸을 부딪혀야 할 때 "실례합니다" 혹은 "죄송합니다"라 말하는 이도 거의 없었다. 상대방이 나가떨어질 정도로 세게 부딪힌 경우가 아니라면 말이다. 부딪히는 두 사람 모두가 서로 그러려니 하고 지나쳤을 뿐이다. 이런 한국 문화에서 자라났으니 영미인들은 생활 속에서 'thank you'와 'excuse me'를 정말로 수없이 말한다는 걸 확인할 때마다 신기하게 느꼈을 수밖에.

다만 헷갈리는 점도 있었다. 이 두 표현을 일상적으로 하니 영미인들은 '예의바르다'고 해석해야 하는 걸까, 그렇다면 아래위 없이 서로의 이름을 부르는 그들의 문화는 어떻게 이해해야 할까가 그것이었다.

사람 사이의 거리

수수께끼는 얼마 안 가서 풀렸다. 세상의 예의에는 두 개의 큰 축이 있었다. 하나는 아시아인들에게 익숙한 상하의 축, 다른 하나는 서구인들에게 익숙한 친소(친한 정도)의 축이다.

우리는 상대가 나보다 한 살만 많아도 '-(으)시-'라는 선어말어

미로 존대의 뜻을 드러내야 하는 상하 예절에 익숙해져 있다. 상명하복의 군사문화가 지배하는 학교에서 교육을 받았고, 더 거슬러 올라가자면 냉수 한 그릇을 마시는 데도 아래위가 있는 유구한 장유유서의 나라에서 태어나 자랐으니까. 오죽하면 상대의 나이를 정확히 알지 못하면 인간관계가 제대로 시작되지도 않을까.

나이와 권위, 짬밥으로 아래위를 나누고 철저히 언어를 분리하는 한국인에게 있어 예의란 오직 자신보다 위인 이들에게 적용하는 개념이었다. '아랫것들'에겐 예의 차리지 않고 그냥 내키는 대로 대해도 되는 게 우리식 예의의 기본이었던 셈이다. '애들은 가라'던 옛 시절 모임들이 그랬고, 부하를 짐승처럼 다루던(는) 군대가 그랬(렇)고, 갑이 되면 을의 뺨을 때리고 무릎을 꿇리는 상거래가 그랬(렇)다. 질서의 기준이 이러니 내 테이블에 밥 내려놓는 사람에게 군이 고맙다는 인사를 할 필요가 있었겠는가.

서구의 예절은 이와 정반대다. 물론 군대나 경찰처럼 상명하복의 조직들은 우리와 마찬가지겠지만 보통 사람들 간의 예의 지킴은 철저히 친소의 축에 의해 결정된다. 아는 사람, 친한 사람 사이에선 예의가 그리 중시되지 않는다. 우리식으로 말하자면 '아래위'가 없어도 큰 문제가 아닌 것이다. 그러나 조금이라도 거리가 있는 관계라면 극도로 조심한다. '고맙습니다'와 '미안합니다'가 난무하는 이유다.

예의란 거리의 다른 말이다. 이렇게 말하면 "서양인들은 부모자식 간에도 'thank you'와 'excuse me'를 달고 살던데요?"라는 반문이 나올 수도 있는데, 그건 그들 가족 관계에서의 거리가 우리네 것보다 훨씬 멀기 때문이다. 동양의 교육은 '입신양명으로 부모에게 효도함'을, 서양의 교육은 처음부터 끝까지 '부모로부터 독립해 살 수 있는 존재로 길러냄'을 목적으로 하기 때문이다. 서구인들에겐 부모와 자식 간의 적절한 거리가 기본이다.

상하의 축에서 친소의 축으로

그런데 근자에 이르러 흥미로운 변화가 눈에 띈다. 젊은이들과 함께 식당에 다니다 보니 알게 된 변화다. 이들은 음식이 서빙될 때마다 "감사합니다"라고 말한다. 어른 세대보다 훨씬 예의가 바른 것이다.

흔히 '요즘 젊은 세대는 싹수없다'고들 하지 않나? 외동이 많아서 자기만 알고 제멋대로라는 게 이들에 대한 중평이었던 것 같은데 그런 말들과 맞지 않는 광경이 생소했다. 이 세대는 당돌한 면이 있는 데다 결코 깍듯하게 예의를 지키진 않는 편임에도 입에선 "고맙습니다"와 "죄송합니다"가 막 튀어나온다. 그 옛날 보았던 신기한 서구인들처럼 말이다. 선진국의 국민처럼 행동하라고 특별히 교육한 적도 없는 것 같은데.

이제 상하의 축이었던 우리식 예의의 중심 기준은 친소의 축으로 대이동을 시작했다. 부장님에겐 따박따박 대드는 신입 직원이 남의 물건을 살짝이라도 건드리면 '미안하다'고 한다. 국가지대

사와 공공 이슈에 대해선 '공정하지 않다'며 할 말 다하는 '아래위 없는 것들'이 모르는 서로에겐 예의를 지킨다.

과거에 의아하다 느껴졌던 그 선진국민들, 예의 바른 건지 싹수없는 건지 헷갈리던 그들의 모습과 진배없다. 그런 세대가 이제는 정치·경제·사회의 주축으로 올라오고 있고, 당신이 구해야 하는 알바생이나 직원으로 대기하고 있다. 옛 예절의 시대는 지고 신 예절의 시대가 도래 중인 것이다.

이런 시대, 이런 직원들과 함께 일하면서 '싹수없어서 못해먹겠다'고 생각한다면 그건 진정 '삶이 그대를 속이고 있는' 상황임을 깨달아야 한다. 겉으론 거칠고 무질서하며 황당해 보여도 대한민국은 선진국형 질서로 나아가고 있으니까.

농경사회에서 예절의 중심은 아는 사람에게 지켜야 하는 것이었다. SNS나 인터넷, TV나 라디오도 없던 시절에 '국가'라는 대★내집단은 상상 속에나 존재하는 개념이었다. 그 시절에 예절을 지켜야 할 만큼 중요한 대상은 같이 모내기하고 마을 대소사에서 얼굴을 맞댈 소小내집단의 사람들뿐이었기 때문이다. 그런 인식은 근대화를 겪으면서 붕괴되기 시작했고, 그 과정에서 우리는 '국가'라는 집단을 동시적으로 의식하고 공공의 에티켓을 배우기 시작했다.

반대급부도 따랐다. 개인 간의 관계가 급속히 멀어진 것이다. 과거 영미인들의 'thank you'와 'excuse me'는 산업화와 도시화로 서서히 멀어진 개인 관계를 나타내는 지표였다. 그런데 오늘

날 우리는 그 단계를 건너뛰어 '글로벌 규모의 대내집단'을 의식하고 살아간다.

그에 코로나19까지 덮친 탓에 개인 간의 관계는 유사 이래 최고 수준으로 멀어져버렸다. 이제 상하의 예절은 효율성 면에서도 별 의미를 갖지 못한다. 또한 당신의 회사나 매장은 친소의 예절이 주류가 된 이 시대의 예외적 공간이 될 수 없다. 그러니 삶이 그대의 멱살을 쥐고 흔들지라도 정신 차리고 이 변화의 의미를 읽어야 한다. 그게 우리 모두가 살 길이니까.

주먹질은 격투장에서

어쨌든 대세는 비폭력

학자들에 따르면 인간사회에서 폭력은 꾸준히 감소해 왔다고 한다. '갈수록 세상이 말세가 되어간다'는 동서고금 어른들의 통찰과는 정반대의 사실인데 이건 데이터로 증명이 된단다.

수렵채취 시대의 유골을 조사하면 100구 중 20구 이상에서 타살 흔적을 볼 수 있다고 한다. 또 전쟁 시대엔 평균적으로 인구 열 명 중 한 명꼴로 폭력에 목숨을 잃었다. 그런데 현 시대에서 폭력에 의해 사망하는 사람 수는 비교적 안전한 선진국을 기준으로 했을 때 10만 명당 한 명 수준이다.

사실상 폭력을 수반한 범죄는 뉴스나 영화 속에만 존재하고, 자신 및 주변 사람들 사이에서 격렬한 물리적 폭력이 일어나는 상황을 일상으로 경험하는 이는 거의 없는 것이다.

물론 총기 소지가 자유인 미국에선 툭하면 사고가 터진다. 그렇다 해도 앞서 언급한 수렵채취 시대나 전쟁 시대의 사망률에 비하면 여전히 새 발의 피 수준이다. 어떤 면에서 보자면 사실 총기로 인한 사망 사건이 뉴스에 나오는 일 자체가 폭력 사건의 희소성을 반증하는 증거이기도 하다.

나만 해도 어린 시절에 짝다리 짚고 다니며 사람들을 위협하는 깡패가 어느 동네에든 있었다. 하지만 요즘은 다른 이의 몸에 손만 대도 경찰이 출동한다. 그것도 3분 안에!

이렇듯 물리적 폭력은 우리 일상에서, 또 최소한 사람들 보는 데선 거의 사라졌다. 하지만 마치 티라노사루우스의 퇴화한 앞다리처럼 그런 폭력이 달랑 남아 존재하는 두 분야가 있다.

하나는 격투기 스포츠 분야다. 사람들이 벽을 둘러쳐 격투기장을 마련하고 그 안에서 격투 경기를 관람한다는 건 역설적으로 그 벽 밖엔 그 정도의 폭력이 존재하지 않는다는, 또 그만큼 그곳은 폭력으로부터 안전하다는 의미가 된다. 로마의 격투사들이 콜로세움에서 칼을 들고 싸울 때 시민들은 일부러 그곳에 가서 허락받은 폭력과 살인에 열광했다는데, 이 역시 로마의 일반 거리나 시장 등에선 그런 칼싸움이 드물었기 때문일 것이다.

다른 하나는 영화나 드라마 등 창작 분야다. 보통 사람이라면 평생 한 번 겪을까 말까 한 주먹질을 영화 〈범죄도시〉 주인공은 3분당 한 번꼴로 시전한다. 그런 분야 밖의 세상은 고요하다.

뱀의 퇴화한 또다른 꼬리, 언어폭력

그런데 사회 발달에 따른 폭력의 상대적 소멸이나 비폭력적 방법의 진화에 대해 말하자면 폭언과 관련된 이야기도 빼놓을 수 없다.

"우리 아들을 너 같은 아이에게 줄 순 없으니 이 돈 받고 꺼져!" 하며 봉투를 내미는 엄마, "널 꼭 부숴버릴 거야"하며 상대에게 물잔을 날리고 김치로 뺨을 갈기는 누군가를 당신은 최근 몇 년간 현실에서 겪은 적이 있는가.

적어도 이런 일을 당연하게 여기며 아무렇지 않게 넘기는 사회 분위기는 물 건너간 지 오래라는 뜻이다. 사람을 대놓고 무시하는 인신공격성 폭언이 아직까지 존재하는 것은 사실이다. 하지만 그런 일을 저지른 사람이 사회적 지탄의 대상, SNS에서 타작당하는 대상이 되는 건 순식간이다. 앞서 얘기한 미국의 총기 사건들만큼이나 '흔히 화제가 되지만 그 사실만으로 이미 희소한 일이 되어버린' 역설을 보여주는 현상이다.

언어폭력 혹은 폭언은 대개 인신공격적인 경향을 띠기 마련인데, 요즘 세심히 살펴보면 이 언어폭력의 범주로 어떤 행위가 편입되어 인신공격과 함께 매장을 당하고 있다는 느낌이 점점 강해진다. 체벌이란 게 본래는 '사랑의 매'였으나 이제는 가정폭력이나 아동학대로 여겨지듯, 원래는 애정과 훈육의 도구였으나 지금은 점점 폭력의 범주로 취급받는 그것은 바로 '꾸지람'이다.

직장은 콜로세움이 아니다

소리 지르는 것을 영어로는 'shout'라고 한다. 이건 그냥 물리적으로 목소리를 크게 낸다는 뜻이다. 이와 달리 소리를 고래고래 지르며 비난을 이어가는 건 'yell'이라고 하는데, 'I got yelled.'와 같은 수동태 문장으로 쓰면 '야단맞았다'는 뜻이다. 부모라면 누구나 다 하는 그 '야단치기', 지금까지 부장님이라면 다 해왔다는 그 공중에 서류 던지고 소리 지르는 '꾸지람'이 바로 'yelling'이다.

그런데 이 'yelling'도 이젠 폭력의 카테고리에 속하는 행위가 되었다. 원인은 간단하다. 수평적 구조 때문이다(관리자가 생각하는 수평적 구조란 기능상의 개념인데 평직원들은 평등한 인간관계와 관련된 개념으로 여기는 경우가 많다).

아니, 구조가 수직적이고 나이나 경력, 지위가 자신보다 위라 해도 인간이 인간에게 일방적으로 'yelling' 하는 것을 요즘 사람들은 견디지 못한다. 잘못을 저지른 경우엔 감봉 등의 처분을 받거나 심할 경우 잘리면 그만이지, 상사의 책상 앞에 서서 'yelling'당하는 상황을 굳이 감내하고 싶어 하지 않는 것이다. 나 아닌 다른 사람이 그런 일을 당하는 모습을 목격해야 하는 상황까지도 말이다.

여러분 가운데 중년 이상의 관리자나 경영자인 분들은 이쯤에서 "그럼 어쩌란 말이냐!"며 혈압 오르는 표정을 짓고 있을 것 같다. 그런데 답은 이미 앞에서 나왔다. 차분하게 잘못을 지적하고, 웃으면서 주의와 경고를 날리고, 조직의 규칙에 따라 조용히 불이익을 주거나 절차에 따라 예의 바르게 내보내면 된다.

직장은 더 이상 콜로세움이 아니다. 아니, 그렇게 된 지 이미 오래인데 기성세대만 착각하고 있는 것인지도 모르겠다. 영화나 드라마 속의 격렬한 'yelling'이 여전히 직장 내에서도 유효하다고 말이다. 지금의 한국은 발달된 문명국이다. 폭력은 격투장에서, 창작물 안에서만 즐겨야 한다.

내가 하면 동사, 남이 하면 명사

뼈 때리는 퇴사 이유

회사 초창기, 매우 중요한 멤버가 퇴사를 하겠다고 했다. '직원 성장을 위한 시스템이 없다'는 게 이유였고, '겉보기에만 그럴듯하다'고도 했다. 뼈 때리는 말들이었다.

자그마한 영상제작 사무실에 직원이 열 명도 안 되는 시기인데 지금까지 어떤 시스템을 만들 수 있었겠냐, 일단 영업부터 하려면 사업체의 겉모습부터 손볼 수밖에 없는데 그게 표리부동은 아니지 않느냐, 직원들 월급 주느라 영끌해서 버티고 있는데 내부 사정 아는 사람이 그런 소리를 하냐……. 나름의 항의와 변명을 늘어놓았지만 결국 그는 퇴사했다. 영 섭섭했다. 그도 나가서 자신의 사업을 하다 보면 내 마음을 이해할 거라는 생각도 했다.

그가 퇴사 이후 어떤 마음을 가지게 되었는지는 모르겠다. 다만 내가 바라보는 그날의 사건은 단 하나의 화두를 내게 명확히 투척했다. 바로 '내로남불'이란 명제다.

내로남불의 이유

나는 거의 100킬로그램이 나가는 거구다. 내 몸매에 대한 영원한 변은 '요즘 살이 쪘다'다. 지나가는 꼬마가 보면 간단히 '뚱보'라 할 수도 있다. 또한 나는 늦게 자고 늦게 일어난다. 사업하는 친구들은 내 취침과 기상 시간을 처음 들었을 때 하나같이 속으로 '천하의 게으름뱅이'라고 여기는 눈치였다.

회사 일에 파묻혀 집에 안 들어오는 남편 때문에 외로워하던 아내가 우연히 따뜻한 위로를 건네는 남성에게 잠시 끌리는 일이 일어났다 치자. 이런 사정을 다 알게 되어도 사람들은 그 일을 그저 '불륜'이라 할 것이다.

내가 하면 동사, 남이 하면 명사다. 맥락은 동사로 표현된다. 모든 일에는 맥락이 있고 사람의 행동은 맥락의 산물이다. 늘 변명이 무성한 무덤들이 되는 건 그 때문이다.

그런데 그 맥락은 내 일, 내 상황일 경우로 한정되고, 남을 볼 때는 그 맥락이 어찌 되었든 그냥 결과물만 쳐다본다. 모든 사람의 행위를 맥락으로 파악하는 데는 너무 많은 에너지가 들기 때문이다. 이게 내로남불의 본질이다.

'사업체의 생존에 올인하느라 바빴다. 그래서 직원들의 성장을 위한 시스템에 신경쓸 여력이 없었다. 하지만 지금부터 잘해나갈 예정이다.' 이 말들은 모조리 동사다. 하지만 퇴사하고자 했던 그 직원은 우리를 '성장 시스템도 없는 회사'라는 명사로서만 바라보았다.

그날 내가 했던 변명은 내로남불이었다. 우리도 직원들을 바라볼 때 '유능한 직원'이나 '아무짝에도 쓸모없는 직원' 혹은 '백해무익인 직원' 같은 식으로 명사화하지 않는가. 그러면서 왜 직원이 회사를 동사로 알아주지 않고 명사로 된 꼬리표를 붙이는 것에만 분노할까. 이런 게 바로 우리의 내로남불이란 생각은 그 후로도 계속 나의 마음을 후벼팠다.

답답할 때면 내 젊은 동업자에게 불만을 토로하기도 한다. "나는 직원들 월급 주느라 무지하게 애쓰고 있는데 저 직원은 참 속 터지게 일하고 있다"는 요지의 투덜거림이다. 그때마다 그는 시큰둥한 어조로 내게 핀잔을 준다. "그건 저쪽에서 알 바가 아니지요"라고.

들을 때마다 섭섭하긴 하지만 사실 맞는 말이다. '우리 회사엔 신입사원 훈련 과정이 없다' '퇴사 절차가 미비해 엉망이란 느낌이 든다' 같은 불평이 직원들에게서 나올 때면 가슴 한복판 깊은 곳에서부터 이런 생각이 밀려 올라온다.

'여기까지 오는 것만 해도 얼마나 힘들었는지 모르면서 배부른 요구를 하네. 그럼 당신이 한번 해보든가…….'

마음속에서 이렇게 오기 어린 '동사의 향연'이 벌어질 때마다 그와 동시에 뜨거워지는 키워드가 내로남불이다. 나도 직원들을, 혹은 다른 회사를 단어 하나로 갈무리해 버리지 않냐며 되돌아보는 거다.

동사 메들리의 맥락이 통하는 곳이 사회에 있긴 하다. 바로 학교다. 시험을 망쳐도 교수님께 가서 어머니 병간호한 사연, 아버지 사업이 망해서 온 식구들이 도망 다닌 사연을 이야기하면 그곳에선 어느 정도 재시험의 기회가 주어진다.

하지만 내 물건, 내 서비스, 내 노동력, 그리고 내 일자리를 '파는 곳'의 룰은 동사를 바탕으로 작동하지 않는다. 그곳은 프로들의 세계, 다시 말해 명사의 세계다.

프로 직원을 원한다면 프로 회사부터 되자

직원들에겐 주인의식을 가지라느니 프로가 되라느니 하면서 회사의 미비점에 대해선 동사의 향연을 벌이는 업주가 되는 일은 너무 쉽다.

'프로의 정의는 무엇인가'란 주제에 대해선 수십 권의 책이 나올 만큼 의견이 많지만 그 모든 고견들에는 한 가지 공통점이 있다. 바로 '결과로 말하라'는 것이다. 결과는 동사가 아닌 명사다.

직원을 명사로 두들기려면 회사도 좋은 명사가 되어야 한다. 완벽한 명사를 구가할 회사는 없지만 사업체는 지적을 거름 삼아 매번 나아지는 '명사'여야 한다. '없다'는 지적에 '왜 없는가'를 늘어놓으면 사업의 미래도 없다. 가정과 학교에선 '내로남로'여야 하고 시장의 룰은 '내불남불'이어야 한다. 이 둘을 구분하지 못하면 창업가나 프리랜서가 되기엔 아직 미성숙한 상태다.

독립의 세계는 명사의 세계다. 동사 보따리는 가족, 친지, 연인과 풀어야 한다. 그게 이 바닥의 룰이다.

애사심은 시간을 먹고 자란다

성질도 급하셔

아내가 비건 요거트를 만들겠다며 낮에 조그마한 전기밥솥을 사 왔다. 요거트 약간과 두유를 그 안에 넣어두면 콩 요거트가 된다고 하기에 내가 물었다. "저녁에 먹을 수 있어?" 그러자 아내는 어이없다는 듯 "최소한 하룻밤은 재워야 해. 뭘 성질이 그렇게 급해!"라며 타박했다.

'음, 그렇지. 요거트라는 것도 따지고 보면 생명체니 유산균이 불어나는 데는 시간이 반드시 필요하겠지……' 하는 생각이 드는 순간 불현듯 뭔가가 머릿속에 떠올랐다. 유산균처럼 시간을 필요로 했던 그것이.

영문을 알 수 없는 변화

사다리필름은 칼퇴하는 회사다. 10시에 출근하면 6시에, 9시에 출근하면 5시에 퇴근한다. 8시에 출근했다가 4시에 나가는 분도 있다. 물론 이건 사무실로 출근하는 직원들에게 해당하는 이야기이고, 대다수는 재택근무를 하고 있으니 '칼퇴'라는 개념 자체가 별 의미를 갖지 않는다.

이런 회사임에도 사다리필름의 직원들 중에는 도무지 애사심이라곤 찾아볼 수 없는 이들이 꽤 있었다. 그중에서도 단연 돋보였던 인물은 오늘 하는 일의 데드라인이 내일임에도 연차를 내버리는, 무덤덤함의 극치를 시전하곤 했던 직원이다. 요즘 세대가 다 그러려니 하고 넘기기엔 그는 그리 어리지도 않았고, 로봇인가 싶을 만큼 표정도 없었다. 특별히 잘하는 건 없었지만 회사에서 내보낼 만큼 큰 실수도 저지르지 않았던 그 직원. 관리자 입장에선 그야말로 보고 있기에 속 터지는 유형이었다.

무능은 둘째 치고 회사에 대한 그의 무관심은 이해하기 어려울 정도였다. 아무리 관리자의 불만이 하늘을 찔러도 직원을 함부로 자르지는 않는 것이 사다리필름의 문화이기에 그렇게 1년이 가고 2년도 갔다. 그러다 그가 3년 차에 들어선 때부터 내 눈과 귀를 의심하게 하는 일들이 생겼다.

앞서의 2년간 나와 눈도 안 마주치고 인사도 하는 둥 마는 둥 했던 그 직원이 어느 날 갑자기 어안이 벙벙할 정도로 큰 손동작을 보이며 "안녕하세요오!" 하고 외치는 것이 아닌가. 정치적 성격의 인물은 전혀 아니었기에 뭔가 저의가 있어 그럴 거란 생각은 들지 않았지만 솔직히 당황스러웠다. 인사 훈련 학교에라도 다녀온 것일까.

그런데 그게 전부가 아니었다. 역시 지난 2년간 한 번도 스스로 하지 않았고 회사가 강요한 적도 없는 야근을 자처했다. 뿐만 아니라 자신이 맡은 프로젝트가 종결될 때까지 '어떻게 하면 큰 문제 없이 끝낼 수 있을까'를 관리자보다 앞서 걱정하는 모습까지도 보였다. 지금 대체 무슨 일이 벌어지고 있는 걸까. 해가 서쪽에서 뜬다는 건 이런 상황을 두고 하는 말일 터였다.

이렇게 그는 서서히 일의 중심으로 들어왔고, 지금은 회사에 없어선 안 될 중요 부분을 맡고 있다. 그가 달라진 정확한 이유를 도통 알 수 없었다. 그러다 갑자기 요거트 사건에서 깨달은 것이다. 그에겐 시간이 필요했다는 사실을.

사람들 중엔 면접을 지나치게 잘 보는 이들이 있다. 첫 만남의 자리에서 그들은 뭐든 할 수 있다고, 그러니 맡겨만 달라고 자신감 가득한 모습을 보여준다. 그러나 내 경험상 이런 사람들은 하나같이 입사 후 시간이 조금 지나면 일에 시들해지는 모습을 보이거나, 능력이 과장되어 있었다는 게 드러나거나, 갑자기 퇴사해 버리곤 한다. 그간 쌓인 개인적 데이터를 바탕으로 좀 과격히 일반화해 보자면 이렇더라는 뜻이다.

그런 이들과 반대로 처음엔 소극적이고, 계약서 문구 하나하나를 따지고, 공사 구분이 철저해 사생활을 잘 안 드러내고, 타인에게 마음을 여는 데 미숙한 사람들이 있다. 그런데 이런 유형은 시간이 갈수록 뭐랄까, 발효 같은 숙성의 시기를 반드시 거쳐 변화하는 모습을 보여준다. 이 역시 내가 정말 많이 목격했기에 할 수 있는 말이다. 살아 있는 모든 것은 진정한 변화를 보이기까지 시간을 필요로 한다.

회사를 사랑하기까지

20~30명 정도가 모이는 모임을 만든 적이 있다. 예전에 어느 모임에선가 청년들이 정말 재미있게 활동하는 모습을 본 적이 있어 나도 그런 곳을 꿈꾸며 해본 시도였다.

일단 모이긴 했는데 좀 이상했다. 내가 봤던 그 모임의 구성원들은 한 번 만나면 먹고 활동하고 떠드느라 집에 가야 하는 걸 잊어버린 아이들처럼 재밌게 놀았다. 그런데 내가 만든 모임에선 사람들이 그저 소기의 활동만 끝나면 뿔뿔이 흩어져버렸다. 서로 친해지는 계기를 마련해 보려고 함께 밥도 먹고 사는 이야기도 나누고 해봤으나 결과는 언제나 마찬가지. '나한텐 사람들을 결속시키는 소질이 없나 보다' 하며 기대를 접었지만 모임을 해체하진 않았다.

그러던 어느 날 직감했다. 한동안 잊고 있던 그 청년 모임의 화기애애함과 끈끈한 분위기가 우리 모임 안에서도 형성됐다는 것을. 달력을 들춰 살펴보니 모임을 만든 지 만 3년이 넘는 주간이었다. 진정한 마음과 행동의 변화에는 시간이 필수 요소임을 다시 한 번 깨닫게 된 계기였다.

'애사심'이란 단어가 빈축을 사는 시대임을, 애사심 운운하는 건 꼰대의 몸통 같은 짓임을 알면서도 경영자라면 자기 속마음을 어쩔 수 없을 것이다. 직원이 달랑 한 명뿐이어도 늘 그의 애사심 수준을 서운해하고 아쉬워하게 되는 속마음 말이다.

애사심, 그러니까 회사를 사랑하고 회사의 안위를 걱정하는 마음이 형성되려면 우선 자신과 회사가 이익 및 운명 면에서 공동체라는 생각이 먼저 들어야 한다. 이렇게 거창한 일에 요거트 생성에 필요한 정도보다도 덜한 시간만을 허용하겠다는 건 글자 그대로 제정신이 아닌 생각이다. 가족이라는 혈연관계의 사람들 사이에서조차 애틋한 정이 생겨나려면 엄청나게 오랜 시간을 같이 울고 웃으며 누적시켜야 하는 것을 잊고 있는 게 아닐까.

애사심은 인스턴트 연기로도 얼마든지 보여줄 수 있다. 직원의 '하는 척'만 바라고, 자신도 직원을 '위하는 척'만 하는 관계를 원하는 경영자라면 이 글을 읽을 필요가 없다. 하지만 적어도 진심의 영역에는 전혀 다른 룰이 존재한다.

기업 문화도, 시스템도, 복지도 모두 중요하다. 그러나 직원들의 가슴속에서 진심어린 애사심이 싹트게 하는 가장 중요한 요소는 시간이다. 변화는 시간을 먹고 태어나서 자란다. 과학이 아무리 발달해도 아기가 탄생하기까지는 여전히 10개월이 꼬박 소요되듯이.

어떤 사장학

세상 모든 직원에게 있어 현명한 사장이란
나에 대해선 어떤 경우에도 의리를 지키고
다른 직원에 대해선 합리적 이유로 모가지를 날리는 사장이다.
직원이 겨우 두 명인 치킨 가게라 해도
사장이라면 이 사실을 알고 대처할 줄 알아야 한다.
한 명만 고용해도 비슷한 문제는 있다.
내가 무능할 땐 의리로 대하고,
내가 유능할 땐 합리적으로 대해주길 바라니까.

직원은 누구 편인가?

배신감이 몰려올 때

직원 대여섯 명을 이끌고 해오던 사업이 아득한 나락으로 떨어지고 매일매일 결제금액을 때우느라 고달팠던 십수 년 전의 일이다. 당시 직원이 자신의 지인이자 우리가 운영 중이었던 영어 교육 사이트의 강사이기도 한 사람에게 연락을 했단다. 우리 회사와 매절 계약을 한 콘텐츠에 대해 인세를 요구하라고 조언하기 위해서 말이다.

정확히 말하자면 상황은 이랬다. 우리가 그 강사에게 대금을 지불하면 그는 강의를 녹화하는 것으로 상호 구두약속을 했는데, 우리와 계약서를 쓰지 않았으니 인세를 달라 하라고 그 직원이 코치를 했다는 것.

배신감이 쓰나미처럼 몰려왔다. 그 직원은 내 학교 후배라 많이 아꼈고, 한 번도 홀대한 적이 없었으며, 회사에선 언제나 나와 친밀한 농담을 주고받는 우리 편이었는데⋯⋯. 회사가 쓰러져가는 탓에 내가 하루하루 영어 강의 뛰어 벌어 오는 돈으로 직원들 월급도 겨우 지급하고 있었는데 법적인 구멍을 핑계로 내게서 돈을 뜯어내는 일에 나서다니⋯⋯. 당시 지칠 대로 지쳐 있었던 나는 그 직원에게 따져 묻지 않은 채 마음을 닫았고, 얼마 후 서로 연락하지 않는 사이가 되었다.

우리는 친구나 고객에겐 응대를 하고, 사기꾼 혹은 적에겐 대응을 한다. 내가 항상 응대 혹은 환대를 했던 직원이 돌연 대응의 대상으로 바뀐 그 일은 이후 내 경영 방식에 큰 영향을 미쳤다.

응대냐 대응이냐, 그것이 문제로다

'손님에겐 응대하고, 악의적 소비자에겐 대응하라'는 원칙은 고객 상담 관련 강의에서 자주 듣는다. 손해를 보면서도 데리고 갈 가치가 있는 우리 편이라면 '응대'의 자세를, 처음부터 악의가 있어서 친절히 대해봐야 이용만 당할 것이라 판단되면 '대응'하라는 것이다. 응할 응應, 대할 대對. 똑같은 두 한자의 순서가 어떻게 되느냐에 따라 단어의 뉘앙스가 긍정적·부정적으로 확 갈린다.

일단 대응 태세에 돌입하면 그때부터는 인간적 눈높이의 대접이나 정서적 공감 같은 것들의 창문은 모두 닫히고 오로지 냉정한 법리적 판단만이 남는다. 세상에 나쁜 개가 없듯이 세상에 나쁜 사람 또한 없다 쳐도 야생동물 같은 사람들은 분명히 존재한다. 자신만의 맥락에 매몰되어 다른 사람에게 피해를 끼치는 이들 말이다.

경영자들은 대개 모든 이들에게 두 팔 벌려 응대한다. 그러다 악의를 가진 이들 탓에 한 번 마음을 상하고 나면 그다음부터는 선의의 고객이나 직원 들까지도 대응의 대상으로 삼곤 한다. 하지만 상담 전문가의 말에 따르면, 통계상 악의적 고객은 전체의 5퍼센트가량이고, 이런 유의 직원이나 거래처 역시 그 정도 수준을 밑돈다고 한다.

그러니 우리에겐 '응대냐, 대응이냐'의 센서가 꼭 필요하다. 시장은 제품이나 서비스를 둘러싸고 모두가 전쟁을 벌이는 곳이다. 하지만 경영의 보이지 않는 이면(혹은 경영자의 마음속)에선 '응대인가, 아니면 대응인가'의 전쟁이 묵시적으로 일어나고 있다 해도 과언이 아니다.

제3의 길, 조응

나치 수용소를 경험한 어느 유태인 생존자의 증언 중 이런 내용이 있었다. 나치 수용소에 갇힌 이들은 크게 낙관적 사람들과 비관적 사람들로 나뉘었는데, 의외로 전자가 후자보다 훨씬 먼저 죽어나갔단다.

처음에 사태를 낙관적으로 바라보던 사람들은 '곧 풀려날 거야'라는 희망을 품고 웃음 띤 얼굴을 하고 있었다. 그러다 참혹한 가스실의 현실을 뒤늦게 깨닫자 스스로 목숨을 끊거나, 도주하던 중 총에 맞아 목숨을 잃었다. 성선설적 가치관에 갇혀 자신들이 현재 어떤 상황에 처해 있는지 정확히 파악하지 못한 채 그저 생에 '응대'만 하다가 1라운드에 KO패를 당한 셈이다.

그와 달리 사태를 비관적으로 바라보던 사람들에겐 그런 급작스런 비극이 닥치지 않았다. 눈앞에서 벌어지는 비참한 현실에 그 어떤 기대조차 품지 않았으니 무너질 일도 없었던 것이다. 그들은 성악설적 방어 기제를 발동시켜 수용소의 비인간적 환경에 '대응'했다. 그렇다 해도 그들을 '끝까지 살아남는 비결을 가진 이들'이라 할 순 없다. 굳이 비교를 하자면 순진한 낙관주의자들보다 조금 더 나았다고 말할 수 있을 뿐.

그런데 수용소에는 그 둘 중 어느 쪽도 아닌 세 번째 유형, 즉 비극의 종말에 대한 믿음을 가진 이들이 있었다. 모든 일엔 반드시 끝이 있기 마련이니 구원의 손길이 다가올 때까지 한줌의 희망으로 그 여명을 준비해야 한다고 생각한 이들. 그리고 그들은 끔찍한 수용소에서 살아남을 수 있었다.

어떤 사고나 사건에서든 생존한 사람들의 증언 속엔 거의 틀림없이 믿음이 등장한다. 감상적 눈물을 흘리게 하는 믿음이 아니라 다가올 미래를 믿기에 현실을 버텨내게 하는 믿음 말이다.

직원이나 고객이 내 편인지 적인지로 가르는 응대와 대응의 이

분법으론 경영과 사업을 (몇 사람밖에 없는 계를 짜든, 직원이 몇 만 명에 이르는 대기업을 운영하든) 성장시킬 수 없다. 그저 상처받거나, 안 받거나를 결정할 뿐이다. 하지만 나치 캠프의 세 번째 부류처럼 여기에도 '제3의 길'이 존재한다. 그것은 응대도 대응도 아닌 조응의 길이다.

미꾸라지 같은 직원이 있었다. 말은 청산유수로 잘하고 일도 센스 있는 편인데, 관리자만 없으면 꾀를 부렸다. 툭하면 카페에 가서 일하고 온다며 나가고, 업무 시간 중 2시간 정도를 친구와 긴 통화를 하는 데 썼다. 나도 없고 중간 관리자도 없으면 책상에 엎드려 자는 일도 다반사였다.

결국 나는 그 직원에겐 응대가 아닌 대응 차원이 필요하다고 느끼는 지점에 이르렀다. 그런데 공동 대표인 안 PD가 그와 한번 이야기를 나눠보겠다 했고, 별로 내키진 않았지만 일단 나도 동의했다. 직장에서 사람을 대할 때 '믿는다'와 '안 믿는다'의 두 옵션밖에 없으면 조직을 앞으로 끌고 나아가지 못한다는 걸 잘 알고 있기 때문이었다.

안 PD는 그 직원과 인간적으로 솔직한 대화 시간을 가졌고, 다소 태만하긴 했지만 일을 처리하는 센스는 있었던 그에게 '프리랜서는 어떠냐'며 웃는 얼굴로 현실적 제안을 제시했다. 결론만 이야기하자면 그 후부터 그 직원은 꾀를 부리지 않았다. 안 PD의 방식은 그를 우리 편으로 대하지도, 적으로 대하지도 않는 제3의 길, 그러니까 조응이었다.

조응을 택할 경우에는 상대를 믿을 것인가의 여부를 미리 정하지 않는다. 또한 상대를 웃는 얼굴로 대하긴 하되 문제 해결을 위한 현실적 대안을 제시하고, 그 대안이 먹히지 않으면 여전히 웃는 얼굴로 조정이 아닌 조치를 취하면 된다.

경영자라면 조응이란 길만 걸어야 한다는 뜻은 아니다. 세상엔 응대나 환대를 받을 만한 소수가 존재하고, 동시에 끝끝내 대응의 길로 들어서게 하는 소수 또한 분명 존재하니 말이다.

그럼에도 조응이란 방식을 고려해야 하는 이유가 있다. 올림픽 피겨 스케이팅 경기의 심사 방식처럼 최고점(응대)과 최저점(대응)을 잘라내고 담담히 현실적 조정을 지속하는 조응의 방식으로 갈 때 관리자, 직원, 소비자에게 가장 큰 최대 공약수를 도출한다고 생각하기 때문이다. 오늘도 나는 담담한 마음과 냉철한 머리로 조응의 방식을 취하며 하루를 보내볼 생각이다.

응대 vs. 대응

손해를 좀 보더라도 함께 갈 사람에겐
응대를 하고
악당이거나 동기부터 불순한 사람에겐
대응을 한다.
응대에만 치우치면 호구,
대응에만 치우치면 악마가 된다.
그 둘의 비율이 곧 우리의 인격이다.

이상한 지원자

수상한 이력서

얼마 전 사다리필름은 콘텐츠 마케팅을 담당할 인턴사원을 뽑기로 했다. 남의 머리 깎아주는 일엔 도사가 다 되었지만 정작 우리 회사의 광고와 콘텐츠 마케팅은 본격적으로 해본 적이 없어서였다.

대졸 신입 정도로 스펙을 예상하고 급여도 최저 임금을 조금 상회하는 정도로 정했다. 인턴사원을 뽑으면 처음부터 모든 것을 가르쳐주되 3개월이 지나면 평가를 실시해 인턴 기간을 9개월간 연장하고, 그렇게 1년이 되어 서로 만족하면 정사원 계약을 하기로 내부 방향도 정해졌다.

하지만 신규채용 시기가 아니어서 그랬는지, 들어오는 이력서마다 도통 만족스럽지가 않았다. 그러던 중 채용 담당자로부터 한밤중에 연락이 왔다. '오늘 들어온 이력서를 좀 보시라'는 내용이었다.

도대체 어떤 사람이 지원을 했기에 늦은 밤중임에도 톡을 보내는 걸까 싶어 급히 이력서를 펼쳤다. 처음 눈에 들어온 사항은 그의 학력이었다. 그는 최고 명문대 출신이었을 뿐 아니라 그곳 대학원까지 졸업하고 안정된 직장에서 이미 3년을 근무한 경력이 있었다.

나이도 32세라 하니 정말 핫한 시절을 보내고 있을 듯한 사람이 왜 군이 월급 200만 원가량의 인턴직으로 지원을 한 걸까? 다른 회사에 지원서를 내면 연봉 5,000만 원 이상은 받을 텐데 말이다.

교육영상 전문 회사를 운영하는 데 약간의 애로사항이 있다면 영상 전문가는 많아도 교육영상 전문가는 전무하다시피하다는 점이다. 하지만 이 문제를 해결할 만한 뾰족한 수는 딱히 없었다. 그저 아무도 안 가는 길을 가는 우리 회사의 운명이겠거니 하며 받아들이고, 혹 영상 분야를 잘 아는 직원들이 입사하면 콘텐츠에 대한 적성을 살핀 뒤 그들을 장기간에 걸쳐 성장시키는 방식을 취하는 게 전부였다.

그렇게 '우리가 원하는 스펙을 처음부터 다 갖춘 사람은 없으니 부분적으로 갖춘 사람을 가르쳐 완성해야 한다'는 현실 인식이 이미 굳어진 지 오래였다. 그런데 그런 사람이 드디어 나타난 거다. 그것도 인턴 월급을 받겠다는 32세 명문대 출신이!

사실 이런 지원자가 실제로 있으면 의심부터 하는 게 이쪽 관행이다. 우리 회사의 채용 담당자는 '신용문제나 성추행 등 이전 직장에서 문제를 일으킨 경우는 없었는지 확인해 봐야 한다'는 의견을 밝혔다.

갈등하던 나는 일단 그 지원자를 만나 이야기나 들어보자고 했다. '스펙 훌륭한 분이 자진해서 일하고 싶다고 하는데 소심한 우리는 일단 경계하자는 생각부터 드는구나' 싶어 창피하기도 했다. 하지만 '지나치게 좋으면 이상하다'는 마음이 드는 게 사실이었다. 그럼에도 우리는 그 지원자가 좋은 분이길 바랐다. 진심으로.

놀라움과 신선함, 감동의 연속

직접 만나 한 시간 동안 이뤄진 면접에서 그는 차분한 말투로 다음과 같이 이야기했다.

"행정 업무를 해오면서도(그는 행정학을 전공했다) 저는 늘 사람들에게 메시지를 전달하는 표현 방법이 중요하다 여겼습니다. 특히 지금 시대엔 영상이라는 매체가 사람들에게 미치는 영향력이 점점 강력해지고 있다는 걸 깨달았어요. 그래서 앞으론 전문적으로 콘텐츠 영상을 만드는 것을 업으로 삼고 싶어졌습니다. 다만 엔터테인먼트형 영상에는 관심이 없고요."

구체적이고 단단한 답변에 적지않이 놀랐다. 그런데 왜 큰 회사를 택하지 않고 사다리필름 같은 작은 회사에 지원서를 넣기로 한 건지, 다른 곳에도 지원했던 적이 있는지 궁금해서 묻자 이런 답이 돌아왔다.

"저는 이 회사에만 지원했습니다. 영상 쪽의 자료들을 많이 찾아보고 연구하던 중 사다리필름의 브런치를 접했는데, 회사의 철학이 상당 부분 제 생각과 일치했기 때문입니다."

그는 마치 어디선가 면접 시의 예상질문과 정답을 완벽히 숙지하고 온 것처럼 딱 잘라 단호히 대답했다. 그리고 내 질문에 그가 하는 대답들은 전혀 거짓말처럼 느껴지지 않았다. 그는 사다리필름이 브런치에 올린 모든 글을 읽은 것은 물론 홈페이지의 콘텐츠와 포트폴리오 내용까지 전부 파악하고 있는 듯했다.

면접을 끝내고 돌아와서 생각해 봐도 그 지원자는 대단히 지적이고 또 차분했다. 그저 경영자의 취향을 저격하기 위해 모범답안을 준비해 와서 읊었다는 느낌은 들지 않았다. 그래서 마음의 결정을 내린 뒤 그에게 전화를 걸었다. 같이 일해보자고 말하기 위해서.

면접 자리에서는 차분한 모습만 봤는데, 합격 소식을 전하자 전화기 너머로 들려오는 그의 목소리는 그때의 이미지와 매우 달라 신선했다. 마치 게임기를 선물받은 초등학교 6학년짜리 남자 아이의 목소리 같았던 것이다. 표정이나 목소리 같은 자기 이미지를 아무리 관리한다 해도 그런 건 상대에게 다 전달되기 마련이다. 그리고 그의 그런 면은 오히려 신뢰감을 높여줬다.

며칠 뒤 가진 예비 미팅에서 나는 그에게 일곱 권의 책을 내밀었다. 이전 직장에서의 인수인계 후 우리 회사로 출근할 때까지 읽고 왔으면 좋겠다고 말하며, 일곱 권 중 세 권은 필수로 읽어야 하니 꼭 가져가고 나머지는 원하면 가져가라고 덧붙였다.

그러자 그는 일곱 권을 다 집어 들었다. 별것 아니라는 표정으로. 내가 책벌레라 그런지 그의 그런 태도 또한 감동적이었다. 사실 나는 신입사원이 들어올 때마다 책 한 권을 준다. 하지만 그것조차 다 읽지 않고 첫 출근을 하는 이들도 있으니 그의 모습에 감동을 느낀 것도 이상한 일은 아니었다.

자신의 업무에 충실한 우리 채용 담당자는 이렇게 말했다.

"저분은 부잣집 아들인가 봐요. 월급이 적어도 신경쓰지 않고 자신이 하고 싶은 걸 하려고 신의 직장을 버리고 온다는 게……."

그의 말에 나는 속으로 답했다. '나였어도 그랬을 겁니다. 저 나이 때의 나를 보는 듯해요'라고.

그 지원자, 아니 신입사원이 이 글을 읽을 때쯤이면 이미 사다리필름에 잘 적응한 후일 거다. 내가 그에 대해 이렇게 많은 생각을 하고 있다는 걸 그는 모른다. 나이든 사람은 표정 관리에 능하니까. 그런데 내가 이렇게 한 사람의 이야기를 길게 늘어놓는 것은 바로 '철학의 가치'에 관한 이야기를 하고 싶어서다.

당신은 무엇을 위해 돈을 희생하는가

지금은 일상 생활용품부터 최첨단 전자제품에 이르까지 모든 상품의 품질이 상향평준화된 시대다. 서비스는 AI에 의해 극단적으로 개인맞춤형이 되었고, 내게 필요한 정보는 침대에 누워서 스마트폰만 두드려도 금방 얻을 수 있다.

그래서인지 이제 사람들의 소비 기준은 더 이상 눈앞에 있는 상품이나 서비스 그 자체만이 아니게 되었다. 그런 것들 뒤에 있는 회사, 그 회사 뒤에 있는 경영자, 그 경영자의 머릿속에 담겨 있는 철학이 어떠한지를 면밀히 따지고 파악해 소비의 기준으로 삼는다는 뜻이다.

'철학'이라고 하면 거창하게 느껴지지만 이를 간단히 말하자면 '가치'다. 그 사람이 중요하게 생각하는 가치. 그것이 그 사람의 삶과 라이프스타일, 선호하는 제품과 회사를 규정한다.

그렇다면 한 회사의 경영자가 갖는 가치, 또 그 회사가 지향하는 가치는 어떻게 확인할 수 있을까. 마음만 먹으면 그냥 그런 척 속일 수도 있을 텐데 말이다. 이를 확인하는 방법은 단 한 가지, 그 경영자와 그 회사가 무엇을 위해 시간과 돈을 희생하는지를 보면 된다.

미국의 친환경 의류 브랜드 파타고니아는 환경을 해치지 않기 위해 자연친화적 염료를 사용하느라 연간 수조 원을 쓴다. 오뚜기는 500억 원이 넘는 돈을 조용히 장학금으로 지급해 왔다. 여기에 끼워 넣긴 창피하지만 사다리필름 역시 영업 이익의 10퍼센트를 사회에 환원하겠다는 원칙을 지키고 있다.

손해를 보면서도 돈과 시간을 쓰는 지점, 그곳에 그 회사와 경영자의 진정한 가치관이 자리한다. 우리가 일부러 시간 내서 브런치에 쓰고 올린 글들은 비록 조회 수가 높지 않지만, 사다리필름이 중시하고 지향하는 소중한 가치를 담고 있다. 그리고 그 가치는 돈을 주고도 사지 못하는 인재를 우리 품에 가족으로 안겨 주었다.

철학은, 가치는 이렇게 힘이 세다.

줌만으론 안 되는 것들

좋아진 세상, 편해진 업무 환경

최근 일주일 동안 나는 밤 10시에 출근했다가 새벽 6시에 퇴근하고 있다. 일을 열심히 해서가 아니라 미국 보스턴에 있어 한국과 대략적인 시차를 맞춰야 하기 때문이다. 직원들의 70퍼센트가 재택근무 중이고 그들과 대화를 할 때마다 '너무 좋다'는 반응을 늘상 접하지만, 직접 해보니 확실히 좋긴 좋다.

지구 반대편으로 출장 와서 업무를 처리해 보니 세상 정말 좋아졌다는 게 실감났다. 모든 파일은 클라우드에 있어서 실시간으로 작업을 공유하고 있고, 얼굴 볼 일은 줌으로 처리된다. 슬랙으로 즉각 커뮤니케이션이 이뤄지고 가상 오피스인 게더타운Gether Town에 모두가 옹기종기 모여 있으니 공간감 면에서도 별로 아쉬운 게 없다.

일하는 중간중간 잠깐씩 간식을 먹거나 스트레칭도 하곤 하는데 그런 모습을 보는 사람이 없다는 것도 세상 편한 일이다. 곁에서 어머니가 '그냥 여기 살면서 일하라'고 하시는데 "음······" 하며 잠시 대답을 미뤘다. 그리고 싶지 않아서가 아니라 그럴 수 없는 이유가 문득 떠올랐기 때문이다.

다 되는데, 아직 한 가지는······

결재도 오케이, 공동 작업도 오케이, 편집영상 피드백 교환도 오케이, 얼굴 보는 회의도 오케이······. 이제는 이 모든 일들을 온라인과 디지털 환경에서도 전혀 문제없이 해나갈 수 있다. 하지만 단 한 가지 불가능한 게 있다. 바로 관계다.

인재는 크게 두 종류로 구분할 수 있다. 하나는 개척의 인재, 다른 하나는 유지의 인재다. 메이플라워호를 타고 신대륙으로 가자며 깃발을 올리는 자, 항구에서 출발한 뒤부터 그 배를 관리하는 자는 분명 같은 사람이 아니었을 것이다. 무대 위의 BTS와 뒤에서 그들의 일을 관리하는 방시혁이 다른 부류의 사람이듯 말이다.

업무가 유지를 위한 것이라면 관계는 새로운 장을 위한 개척의 행위다. 업무는 차가운 이성을 동력 삼아 돌아갈 수 있다. 그리고 그 업무를 떠받치는 신뢰가 제 기능을 하게끔 만드는 것은 결국 '인간 관리'가 아닌 인간관계다.

인간관계가 깊어지려면 필수적으로 공유해야 할 네 가지가 있다. 위험과 성취, 쾌락, 그리고 감동이다. 그러나 지금의 디지털 환경은 아직 그 조건들을 완벽히 충족시켜 주진 못하는 듯하다. 굳이 표현하자면 5부 능선도 채 넘지 못한 상태랄까.

공동의 위험이라는 건 곧 모두가 함께 위기감을 느끼는 것이다. 이건 물론 비대면으로도 가능한 일이다. 세계사의 거친 풍랑 탓에 한국이 난관을 마주할 때마다, 그래서 공동체 의식으로 똘똘 뭉쳐야 할 때마다 5,000만 국민 모두가 서로를 만나야 하는 건 아니니까.

그런데 다른 요소들, 즉 성취와 쾌락, 감동을 공유하는 일은 그렇지 않다. 우선 공동 성취와 쾌락의 예를 생각해 보자. 회사에서 자신들이 성공시킨 프로젝트 영상을 보며 A 팀이 좋아할 때 B 팀과 C 팀도 같은 공간에서 그걸 함께 보며 감탄하고 부러워할 수 있는 환경, 그런 환경에선 구성원들의 관계가 새로운 지평으로 나아간다는 게 내 생각이다.

하지만 온라인상에선 자신과 직접적 관계가 없는 이들의 성과물을 함께 확인하고 공감하기가 어렵다. 온라인은 극단적으로 필요 선택적인 툴이라서다. 그래서 나는 재택근무를 하는 직원들이라도 정기적으로 회사에 불러낸다. 공동의 쾌락, 공동의 감동은 공간성과 동시성, 그리고 예측불능성이라는 리얼리티 법칙을 강고히 유지하지 않으면 경험하기가 어렵다. 쉽게 말해 같이 먹고, 같이 놀아야 얻을 수 있다는 뜻이다 아무리 언택트 시대가 고도화된다 한들, 같이 식사하지 않고 같이 영화도 보지 않는 데이트란 게 가능해질까. 나는 공동의 쾌락이 없다면 인류는 한 발짝도 새 대륙으로 나아갈 수 없을 것이라 감히 단언한다.

무엇과도 바꿀 수 없는 것

같이 있어야만 얻을 수 있는 마지막 요소는 '공동의 감동'이다.

7년 전 기억이 떠오른다. 영상제작을 직업으로 삼은 지 채 1년이 안 되었을 무렵, 한 교육업체의 대형 프로젝트를 맡아 필리핀, 태국, 하와이, 괌으로 취재 여행을 떠난 적이 있다. 그 프로젝트를 함께하며 사다리필름의 직원들은 소중한 경험을 간직하게 되었다.

동남아 현지에서 거리 촬영을 하는 데는 엄청나게 많은 변수가 작용해 시도 때도 없이 위기가 발생하기 마련인데, 우리는 그런 '공동의 위험'을 맞이할 때마다 함께 돌파해 해결했다. 또한 그때 작업했던 영상은 한동안 사다리필름의 포트폴리오에서 기둥이 되어주면서 우리에게 '공동의 성취'를 선사해 주었다. 또 타들어가는 열기에 헉헉거리다 우연히 함께 마신 길거리표 생과일 주스의 기억은 '공동의 쾌락'으로 우리 안에 자리잡았다.

하지만 가장 큰 힘이 되었고 지금도 그러한 것은 바로 '공동의 감동'이다. 그때 그 힘든 취재 여행을 떠난 스태프들 모두가 지금도 여전히 사다리필름에 함께 모여 있다는 사실, 그렇게 우리가 공동의 위험과 성취, 쾌락을 공유하고 있다는 사실은 무엇과도 바꿀 수 없는 감동과 힘이 된다.

사다리필름의 촬영 현장에 오는 분들은 하나같이 "어쩜 이렇게 분위기가 좋냐"고들 말한다. 과장이 아니라 정말이고, 항상 그렇다. 그런 말을 들으면 우리는 감사하다며 배시시 웃고, 나는 속으로만 말한다. '7년간 고락을 함께하면서 끊을 수 없는 관계 속에 서로를 보유하면 이렇게 되지요'라고.

온라인 덕에 일과 생활이 아무리 편해진 세상이라도 이런 경험은 온라인에서 할 수 없다. 보스턴에 와서 일하며 살면 어떻겠냐는 어머니께 내가 대답 대신 그저 빙긋 웃어 보인 이유가 바로 이것이다.

사실상 전부인 그것

얼마 전 입사한 분이 오늘 식사 중 지나가는 말로
"우리 회사는 말이죠……"라 하는 걸 들었다.
'우리 회사'가 계속 뇌리에서 맴돌아 나중에 언급했더니
그 자리에 동석했던 다른 사람도 그게 귀에 남더라고 했다.
별것 아닌 듯 보여도 사실상 전부인 그것은
바로 '우리'라 지칭되는 것이다,

장사를 하려면 혼자 할 일이고
사업을 하려면 사람을 키워야 하고
기업을 하려면 시스템을 설계해야 한다.

4장

프로들의 일터이자 놀이터

자율과 통제 사이에서

레트로 방식의 부활

한창 정부 주도의 경제개발이 진행되던 1970년대의 얘기다. 그 시기에 자란 나는 지금 베트남의 지방 소도시 같은 곳에서나 볼 수 있는 '맨땅 사거리'의 풍경을 늘상 접했다. 사람과 차들이 뒤얽힌 번잡한 도시 거리임에도 비가 오면 진흙탕이 되고 마른 날엔 먼지가 폴폴 날리는 풍경 말이다.

그때는 신호등도 별로 없어서 운전자들은 그저 경적을 빵빵거리며 행인들을 채근했고, 툭하면 자기들끼리 사거리 한가운데에 차를 세워 놓고 삿대질하며 싸우길 밥 먹듯이 했다. 지금 이런 이야기를 듣는 젊은 세대들은 '그런 교통 시스템이면 도로가 영 엉망이었겠네' 싶겠지만 그래도 대충은 질서가 지켜졌다.

그 시절에 대도시의 정말 큰 교차로에선 '회전교차로'라는 방식이 적용되었다. 알다시피 차들이 크게 원을 그리며 돌다가 자기가 가야 할 진출로로 알아서 빠져나가는 방식이었다. 이후 도시가 더욱 커지고 신호등 체계가 도입되자 이런 '인간적인' 방식들은 서서히 자취를 감췄다.

그런데 최근 제주를 여행하다가 흥미로운 광경을 목격했다. 마을과 마을을 연결하는 국도에서 신호등이 사라지고 그 대신 작은 회전교차로들이 대거 들어선 것이다. 내가 사는 서울의 대표적 도심인 신촌역 앞의 삼거리 역시 그전엔 신호를 기다려야 하는 로터리 방식의 도로였는데 올해 들어선 신호 없는 회전교차로로 변신했다.

사방에서 레트로가 유행한다더니 도로 시스템도 옛날로 돌아가나 싶어서 자료를 찾아보다 신기한 사실을 발견했다. 신호등으로 통제되는 방식의 사거리보다 아무도 통제하지 않는 회전교차로에서 교통 체증 발생률이 훨씬 낮다는 사실이었다.

내버려두면 망가진다?

생각해 보면 회전교차로는 다중의 자율적 자기통제와 같다. 신호등은 없지만 회전교차로에선 모두가 양식을 가지고 서로를 살피며 자신의 자리를 찾아 들어가고, 또 자신이 원하는 지점에선 다시 아무에게도 폐를 끼치지 않고 빠져나간다. 통제에 나서는 주체가 없음에도 모두가 모두를 살피며 교통 흐름이 이뤄지니 민주적이라 할 수 있다. 그런 점에서 보자면 앞서 신기하다고 내가 얘기한 사실 또한 그리 신기한 게 아닐지 모른다. 지시와 통제를 없애고 민주적인 시스템을 취할 때 어떤 놀라운 결과가 나오는지를 보여준 것이니까.

소기업에서 '자율'과 '권한 이양'이 이야기될 때마다 거의 매번 한숨을 동반하며 우려 섞인 어조로 제기되는 의견이 있다. 바로 '내버려두면 망가진다'다.

하지만 나는 최근 내가 직접 디렉팅하지 않은 촬영 현장에서 높은 퀄리티의 장면들이 계속 나온다는 사실을 깨달았다. 예전에 사다리필름이 내놓은 결과물들에선 볼 수 없었던 그 장면들은 촬영감독과 담당 PD들의 협의 및 창작적 도전이 빚어낸 열매였다. 그런 놀라운 성취들을 보며 '우리 스태프들 정말 용하다(혹은 장하다, 내심은 놀랍다)'는 생각이 절로 들었는데, 기존 교차로가 신호등을 없애고 로터리로 바뀌는 것도 이와 일맥상통하는 일일 것이다.

경영자나 관리자 등과 같은 강력한 신호등의 통제가 없음에도 모두가 자기의 전문지식을 살려 협업하고, 그 과정을 통해 더 나은 결과를 만드는 자율적이어서 더 효율적인 현장. 그런 곳을 다른 기업과의 협업 중에도 목격하는 때가 있다.

일전에 국내 굴지의 IT 회사를 위해 사내 저작권 교육 토크 영상을 찍은 일이 있었다. 그때 나는 현장에서 화기애애하게 소통하며 난관을 즉석에서 해결해 나가는 그들의 사내 문화를 목격하고 감탄했다. 호칭에 직위를 넣지 않고 모두가 서로의 이름을 부른다는 점이 특이했고, 그러면서도 부드럽고도 효율적으로 난관을 해결한다는 게 신기했다. 마치 회전교차로에서 서로 속도와 방향을 확인하며 자신의 갈 길을 가는 운전자들처럼 말이다.

그 후 나는 사다리필름의 직원들에게도 대거 자율권을 주고 알아서 협의하게 했다. 경영자인 내가 촬영 현장에 나가지 않기로 한 것이다. '이러다 혹시 망가지는 것 아닐까'란 걱정이 아주 없었다면 거짓말이지만, 오히려 그전보다 좋은 결과물들을 보고 나서 내 걱정은 기우였음을 확실히 깨달았다.

회전교차로와 신호등의 조화

물론 전혀 훈련되지 않은 아마추어들에게 자율권을 준다며 맡겨둔다면 결과가 다를 것이다. 학생들이 창작해 발표하는 수준의 결과물을 벗어나기 힘들 테니까.

우리 회사에선 '존엄한 을'이란 개념을 자주 이야기하곤 하는데, 이것은 '친절하되 비굴하지 않은 을의 자세를 유지해야 한다'는 사다리필름의 철학을 함축하는 말이다.

사실 자본주의가 시작된 이후 친절에 대한 우리나라의 개념은 인간의 격을 서로 존중하되 업무상의 친절로 그의 의미를 국한하는 것이 아니다. 그보다는 제품이나 서비스를 파는 사람의 경우 마치 노비가 주인을 대하듯 하는 모드이다. 한국에서의 갑을 관계는 그저 힘의 문제가 아니라 상대를 대하는 문화적 태세이기도 하다. 때문에 갑을은 상존할지언정 전근대적 신분제를 계승하는 듯한 태도의 친절은 생산성을 위해서도 인간의 존엄성을 위해서도 이제는 반드시 시정돼야 한다. 그리고 존엄을 위해 필수적으로 요구되는 조건은 실력과 규율이다.

회전교차로는 자율의 상징임과 동시에 역설적으로 규율의 상징이기도 하다. 신호등 방식의 강제적 통제는 없지만 누구나 진입과 진출 시 옆과 앞뒤를 살펴야 한다는 대원칙이 지켜지지 않으면 즉각 무질서의 난장판이 벌어질 수 있는 곳이기 때문이다.

그런 점에서 보자면 회전교차로와 같은 작업 현장은 훈련된 프로들의 일터임과 동시에 실력과 자기통제력을 발휘하는 멤버들의 놀이터여야 한다. 어린아이를 회전교차로에서 걷게 한다면 대참사가 일어나지 않겠는가. 검증되지 않은 PD들에게 큰 프로젝트를 덜컥 맡기고 자유를 주었다가 작업을 처참하게 말아먹은(클라이언트도 잃고 작업 결과물도 결국 파기한), 피눈물 나는 경험에서 하는 말이다.

하지만 아무리 회전교차로가 좋다 해도 도시의 모든 사거리가 그리 변해가진 않을 것이다. 소방차가 직진해야 하는 상황 같은 경우는 때때로 반드시 발생하기 마련이다. 앰뷸런스나 소방차, 경찰차 등 긴급임무를 수행하는 차들이 질주할 필요가 있을 때 회전교차로는 큰 방해가 된다. 모두가 도로 가장자리로 피하면서 협조해 주더라도 길 자체가 구불구불해 빠르게 질러 갈 수 없기 때문이다. 그렇기에 중요 도로에선 긴급상황 시 차량의 고속 직진이 가능하게끔 신호등 통제가 필수적이어야 한다.

이는 조직 문화에서도 마찬가지다. 자율을 중시하는 회전교차로식의 문화가 기본인 회사라도 강력히 추진되어야 하는 정책, 긴급히 시행해야 하는 비상조치는 신호등 방식의 사거리를 직진할 수 있게끔 해야 한다. 작은 기업인 사다리필름에서도 가격 이슈나 품질 이슈, 혹은 일정이 다급한 사항 등으로 이런 긴급 신호등 시스템이 자주 발동된다.

자율은 아름답지만, 속도가 생명인 포스트 코로나 시대에 모든 대소大小사업에서는 상황에 맞춘 긴급 조정이 생사를 가를 때가 많다. 집 앞 사거리도 회전교차로로 바뀌었다는 사실이 문득 떠오르며 생각이 많아진다.

수평 조직이라는 착각

수평 조직은 민주적이다?

요즘은 수평 조직이 기본인 듯한 분위기다. '신의 직장'이라 불리는 곳들이나 세계 굴지의 대기업들에선 퇴사가 대세인데, 그이유 중에선 수평 조직이 아니라서도 한몫을 하는 듯하다.

수평 조직은 마치 민주주의 같은 어감을 준다. 모두가 결정하고 모두가 책임을 지고, 효율은 높고 인격은 존중되는 조직일 듯한 막연한 느낌이다. 아마 대다수 첨단 외국 회사들의 조직 문화가 수평적이라 생겨난 이미지일 것이다. 하지만 수평 조직은 그렇게 만만하지도 않고, 또 모든 업종이나 회사에 맞는 스타일도 아니다.

수평 조직에 대해 제대로 알려면 '무엇이 수평 조직이 아닌가?'에 답하는 편이 빠르다. 왜냐하면 수많은 스타트업과 자영업자 들이 이 수평 조직에 대한 착각 탓에 엄청난 시행착오를 겪고, 또 무너져가기 때문이다.

규모가 어느 정도 되는 기업들은 이미 수평 조직의 효용과 한계를 알고 있지만 그 외 기업들이나 사람들은 대개 그렇지 않다. 수평 조직에 대해 흔히 할 수 있는 착각을 한번 들여다보자.

오해① 솔직하다

감정을 드러내는 건 '솔직'이라 하고, 사실을 드러내는 건 '정직'이라 한다. 수평 조직은 사안의 문제를 그대로 드러내는 정직한 조직이지, 느끼는 대로 표현해도 되는 솔직한 조직이 아니다.

정직은 조직을 위한 것이고 솔직은 관계를 위한 것이다. 흔히 하는 공사公私 구분은 정직과 솔직을 별개로 조절하는 능력이 있어야 가능하다. 수직 조직에선 감정 상하는 문제를 겪어도 찍소리 없이 있다가 이후 상사와 술 한잔하며 솔직하게 토로하고 해결할 수 있다. 하지만 위계질서가 없는 수평 조직에서 감정만 토로하는 솔직성을 발휘하면 난장판이 될 뿐이다.

오해② 연륜과 경험은 무시해도 된다

연륜도 경험도 없으면서 나이만 앞세우는 사람은 조직에서 당연히 아웃이다. 하지만 연륜과 경험이 바탕이 되는 지혜를 가진 사람을 무시하는 조직은 망한다. 챗GPT도 모르는 걸 알고 있는 지혜로운 연장자가 아직은 더 많다.

스타트업이 시장에서 자기 매출과 이익으로 살아남는 확률은 1만 분의 1 정도라 한다. 그렇게나 많은 스타트업이 실패하는 이유는 다섯 가지 정도로 정리된다. 잘못된 구성원 선택, 초기 시장 신호에 대한 과신, 너무 앞질러 간 투자, 재정 조달 실패, 그리고 감당할 수 없는 경쟁자의 등장이 그것이다.

그런데 사업 경험이 전무한 상태에서 패기와 호기로만 뭉친 이들이 아무리 머리를 짜낸다 한들, 패기와 지혜로 함께 무장한 이들을 이기긴 힘든 것이 사실이다. 사업은 단거리 경주가 아니라 사막 횡단과도 같은 기나긴 여정이기 때문이다.

우승하고자 하는 팀에는 우승의 맛을 아는 선수가 반드시 필요하다. 하지만 그보다 더 필요한 사람은 실패 경험이 있는 지도자다. 최종 승리는 패기와 경험, 그 두 가지가 만든다.

오해③ 다 함께 책임진다

천만의 말씀. 수평 조직은 자신의 업무에 전문성을 가지며 그 업무를 완전히 책임지는 사람들이 서로의 지혜로 시너지를 내는 '익스트림 팀'이다. 자기 분야의 일은 자기가 결정하고, 다른 분야에 대해선 그 분야 전문가인 구성원의 이야기를 참고해 협업하지만 책임은 역시 담당자가 진다.

두루뭉술하게 눈치 보며 대충 합의하고, 문제가 생겨도 조직이 어떻게든 감내하는 건 과거 한국식 조직 스타일이다. '책임이 분산되어 있다'는 말은 곧 '각자가 책임을 진다'는 뜻이다. 피도 눈물도 없이 책임 소재를 규명하고 해당 구성원이 책임을 진다.

사업체의 대표도 마찬가지다. 회사가 대출을 갚지 못하면 그에 대한 책임을 져야 하고, 회사가 조금이라도 불법적인 일을 저지르면 사법적 책임을 져야 한다.

사업 규모가 작을 땐 소소한 문제들이 별로 주목받지 않지만, 중소기업 단계로 발전하면 대충 뭉개고 넘겼던 실수들이 결국 엄청난 족쇄가 되어 발목을 잡는다. 그런데 이럴 때 '우리 모두가 합의했던 일이니 책임도 함께 지자' 같은 소리는 씨도 안 먹힌다.

오해④ 다수결로 결정한다

수평 조직은 동네 노인정의 장기 동호회가 아닌, 영화 〈오션스 11〉 같은 조직이다. 구성원들 사이에서 의견 충돌이 생기면 결정은 조지 클루니가 내린다. 리더의 명령이 상명하복 식은 아니라는 점에선 민주적이라 할 수 있다. 하지만 전체적인 큰 결정이 투표나 여론의 향배, 그러니까 우리 식으로 쉽게 말해 분위기로 결정되진 않는다.

책임감 있는 구성원과 의사결정자들은 자신의 결정에 응분의 책임을 지는 것이 수평 조직이다. 외국 회사에 막연한 동경을 가진 분들은 그들이 무성과와 실수를 얼마나 엄하게 처벌하는지 겪어보고 나면 다시 구관이 명관이라 절감할 것이다.

스몰 비즈니스로 출발하는 창업자들 앞에 놓인 성공담, 그리고 수평 조직임을 비롯한 여러 성공 이유는 모두 세계적인 대기업들의 이야기다.

큰 꿈을 꾸지 않을 이유야 없고 수평 조직 자체는 좋은 것이지만 반드시 정확히 파악한 뒤에 도입해야 한다. 뭐가 뭔지 모르는 상태에서 남의 것을 흉내 내면 망하는 길만 기다릴 테니 말이다. 공룡이 입은 정장이 티몬과 품바에게도 맞을 순 없지 않겠나.

매뉴얼 왕 통키

우린 매일 피구를 한다

나는 축구를 좋아한다. 공을 직접 차진 않더라도 매일 FIFA 게임 한 판은 꼭 한다. 나는 야구 또한 좋아한다. 초등학교 때 우리 학교 대표팀 포수였다. 나는 배구도 좋아한다. 이건 그냥 김연경 선수가 좋아서다.

이 세 가지 종목엔 공통점이 있다. 모두 공을 잡거나 때리려 한다는 점이다. 아니, 공을 좇아 다니는 건 모든 구기球技의 공통점이다. 그런데 그 유일한 예외가 피구다. 초등학교 체육 시간에 피구 한 판 안 뛰어본 사람은 없을 테니 모두들 알 거다. 공을 좇지 않고 피해야 하는 유일한 종목, 그걸 제일 잘하는 사람이 통키라는 건 안 비밀이다.

그런데 축구, 야구, 배구를 사랑하는 내가 요즘은 통키가 되고 싶다는 생각을 매일 한다. 우리 회사에서도 피구 게임이 매일 벌어져서다. 날이면 날마다 날아오는 경영의 위기를 요리조리 피하는 피구. 가시 돋친 그 공에 맞으면 몸에서 피가 철철 난다. 아, 그래서 피구인 건가?

돈에, 사람에, 과로에 울게 하는 이 공을 피하는 방법이 사실 있긴 하다. 피구왕 통키가 되는 비법서의 표지에는 이런 타이틀이 선명하게 붙어 있다. '매뉴얼'.

매뉴얼은 아픔의 역사서이자 예언서

'매뉴얼'이라는 단어가 주는 느낌은 뭐랄까…… 꼰대의 잔소리 모음집 같기도 하고, 펼치면 졸음이 쏟아지는 종교 경전 같기도 하다. 그런데 경영자들조차 잘 모르는 것이 있다. 매뉴얼은 누군가의 출혈 기록이라는 사실이다.

일방적으로 하달받은 매뉴얼이라면 지루할 만도 하다. 문제적 상황을 겪어본 적이 없는 입장에선 '이게 다 무슨 쓸데없는 잔소린가' 싶을 테니까. 그런데 매뉴얼을 만드는 입장에 서보니 이건 곧 아픔의 묵시록이요, 상처의 『삼국사기』다. 아파본 사람이 두 번 다시 아프지 않기 위해 기록한 예언서, 그게 매뉴얼이라고 보면 된다.

그럼에도 대개의 사람들은 이런 예언서를 쓰지 않는다. 매일

상처를 받으면서도 매일 망치로 맞으면서도 말이다. 그저 망치를 탓하고 직원을 탓하고 경기를 탓할 뿐이다.

정말 다시는 똑같은 일을 겪지 않으려고 이 악물고 쓴 매뉴얼을 최근에 완성했다. 직원들의 인사고과와 급여 체계를 규정하는 매뉴얼이다. 얼마나 자세히 만들었는지 올해 연봉 협상에선 단 한 사람도 이의를 제기하지 않았다. 50개 이상의 직무평가 항목에 일일이 구체적 레퍼런스를 붙여 객관적 기준으로 점수를 매기고, 이를 다시 아홉 등급으로 나눈 뒤 코멘트까지 곁들여 알려주었기 때문이다. 모두가 내게 "이 자세한 걸 언제 만드셨어요? 정말 고생하셨겠어요!"라고 해주었다.

맞다. 나 정말 엄청나게 고생했다. 다만 매뉴얼을 만들기 위해서가 아니라, 나로 하여금 그걸 만들게 한 가시 돋친 공들 탓에 했던 고생이다.

업무수행력이 유난히 낮은 직원이 있었다. 손대는 일마다 그르쳐서 여간 곤혹스럽지 않았는데, 부족한 지점을 지적하면 어마무시한 변명을 늘어놓았다. 사실상 인정하지 못하겠다는 뜻이었다.

화가 많이 났지만 그 직원에 대해 불평하지 않기로 맘을 다잡았다. 이런 부류는 어떤 회사에든 일정 비율로 존재할 테니까. 대신 '이렇게 자기객관화가 잘 안 되는 직원이 현실을 인정하게 하려면 구체적인 예시와 세세한 평가 항목, 그리고 객관적인 평가 기준이 있어야 한다. 그러니 그런 것을 만들어내자'고 생각했다.

초벌 평가 기준서를 만들고 나니 평가 항목이 이미 30여 개에 이르렀다. 하지만 이런 표를 펼쳐놓고 그 직원과 대화를 나누는 상황을 상상해 보니 그는 여전히 자신에 대한 평가를 받아들이지 못하고 항의를 할 것만 같았다. 그래서 다듬고 또 다듬기를 반복했다.

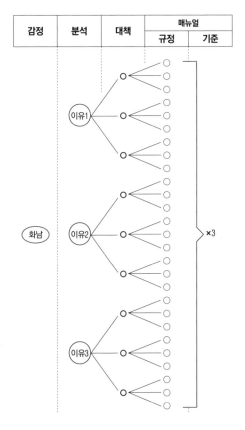

객관적인 평가 기준을 위한 매뉴얼

그러기를 1년여, 드디어 완성한 평가표를 우선 임원들에게 내놓았다. 너무 심하게 복잡한 것 아니냐는 의견이 많았다. 하지만 난 절대 그렇지 않을 거라고 고집 부렸다. 나를 향해 이글이글 불타는 공을 던지는 그 직원이 눈에 선했기 때문이다.

누가 보면 대기업 인사과 매뉴얼이냐고 할 것도 같지만, 그것보다 더 심하면 심했지 못하진 않다고 확신한다. 그래도 1대1 면담을 통해서 그것을 공개했더니 웬걸, 반응이 좋다. 항의는커녕 이렇게 구체적인 평가 덕에 무엇을 더 노력해서 개선해야 하는지 알 수 있어 고맙다는 인사까지 들었으니 대성공이다. 이번 게임은 이긴 것 같다. 오늘은 통키다.

좋은 매뉴얼이 회사를 성장시킨다

인사고과와 급여 체계라는 피구 경기에선 신승을 거뒀지만, 사다리필름에는 각양각색의 피구공이 하루가 멀다 하고 날아와 경기가 벌어진다. 어떤 사업체든 마찬가지일 거다.

매일매일 날아드는 공에 맞아 피 흘리는 우리네 하루의 일용할 실패, 그것에 응답하는 방식은 두 가지밖에 없다. 공 던진 상대편을 원망하고 소주 한잔하기, 아니면 공의 궤적과 구질을 기억하고 기록해 다시는 그 공에 안 맞을 수 있는 매뉴얼을 만들기. 사업의 성패와 성장은 이 둘 중 어느 쪽을 택하느냐에 달려 있다.

직원이 이제 겨우 열다섯 명인 소기업에서 이 무슨 과대망상적

작업이냐 할 분들도 많겠다. 하지만 난 믿는다. 좋은 매뉴얼은 회사가 성장한 뒤에 만들어지는 것이 아니라, 좋은 매뉴얼이 회사를 성장시키는 것이라고 말이다.

피구왕 통키가 될지 아니면 소주에 취한 분노왕 통키가 될지, 그 선택은 우리 스스로 내리는 것이다.

개념 없는 직원에 대처하는 법

문제 직원의 어처구니없는 행동

근태가 엉망인 직원이 항변했다. '탄력근무제'라면서 왜 시간을 마음대로 조정할 수 없냐는 게 요지였다. 대학교 졸업반 조기취업자였던 그는 출근 시간을 지키지 않는 것은 물론 근무 시간 중에도 장시간 사적 통화를 하는 등 직장생활의 기본이 안 되어 있어 이미 여러 번의 주의와 경고를 받은 바 있었다.

그런 그가 '수업을 들어야 하니 탄력적으로 근무일을 빼겠다'면서도 급여는 그대로 받아야겠다며 정식으로 이의를 제기한 것이다. 나를 포함한 임원들 전체가 경악했다. 사실 화가 많이 났다. 문제를 일으킨 것도, 또 사정을 봐준 것도 한두 번이 아닌데 그가 이렇듯 매사에 기만적이고 호전적이었기 때문이다.

정확한 용어로 표현하자면 싹수없는 인간에 대한 대처가 현장 이슈로 등극한 상황. 이럴 때 초보 사장들의 대처는 A, B, C급으로 나뉜다. 그리고 각 급의 키워드는 규범, 해결, 해소다.

C급 대처, 감정의 해소

감정은 중요하다. 이성적 문제 해결이 중요하다고 우리가 늘 말해도, 사실 60만 년의 역사로 누적된 우리의 감정 뇌는 무엇이 자신에게 해로울지, 즉 불필요한 에너지를 사용하게 할지를 거의 정확히 맞힌다.

그렇기에 자기중심적으로 항변하는 직원의 입장에서도, 그걸 어이없어하는 초보 사장의 입장에서도 서로의 감정을 다독이는 건 중요하다. 다른 모든 것이 해결되어도 감정에 앙금이 남아 있으면 문제는 계속될 게 뻔하기 때문이다.

그러나 감정만 해결하려고 하는 태도 또한 결과는 마찬가지다. 지금의 문제를 야기한 근본적 현실인식과 전제에 있어 서로 차이가 있으면 정서적으로 아무리 끄덕이고 다독여도 문제가 수십 번 더 반복될 수 있다는 뜻이다.

회사에서 공사 구분을 못하고 떼쓰는 사람에게 경영자나 관리자가 보일 수 있는 가장 수준 낮은 대응은 일단 화를 폭발시켜 자신의 감정을 해소한 후 '내가 오버했다'며 사과하는 것이다. 이런 분들은 대개 다혈질인 성격을 무기 삼아 상대를 어르고 뺨치는 기술을 구사하고, '그렇게 짐짓 화를 내야 내 뜻대로 상황을 주도할 수 있다'는 묵계적 금언을 스스로 되뇐다.

그런데 이건 어처구니없는 착각이다. 그건 서로의 대화와 감정이 지극히 사적인 시공간에서 이뤄져 기록으로 남지 않을 때의 얘기이기 때문이다. 지금은 누구나 녹음이나 녹화를 할 수 있고, 톡으로 은밀히 주고받은 대화도 언젠간 밖으로 기어 나올 수 있는 세상이다.

경영자나 관리자는 절대 회사에서 흥분해선 안 된다. 상황이 용케 상대와의 화해로 마무리된다 해도, 그에 앞서 흥분했던 과정의 기록이 훗날 튀어나오면 그 화해 또한 결국 빛을 잃게 되어 있다. 나중에 말로 회고하면 "그때 내가 화를 냈었지" 같은 차분한 추억이 되겠지만, 그 상황을 생생히 되살려보면 누구든 모 항공사 사주 가족의 폭언·폭행 수준과 크게 다르지 않을 것이다.

그러니 자신의 감정만 해소하려 하는 건 하수 중의 하수가 하는 일이다. 화해는 회사(그 규모가 크든 작든)에서의 결말이 아니다. 교회라면 모를까.

B급 대처, 일회성 해결

"기록되지 않는 것은 계측할 수 없고, 계측되지 않는 것은 개선할 수 없다." 문장의 뒷부분은 피터 드러커의 말이라면 문장 앞부분은 내가 얹은 숟가락이다. 힘든 일은 스트레스를 유발한다. 모든 발전과 성장은 고통을 수반하지만 모든 스트레스가 다 성장으로 귀결하지는 않는다. 그냥 삼겹살과 소주로 녹아내릴 뿐인 스트레스는 우리 얼굴에 주름살을 우리 마음엔 애환을 남길 뿐이다.

개념 없는 직원과 관련된 문제를 감정의 해소 차원보다 좀더 이성적인 방법으로 해결했다 치자. 당신은 회사의 원칙을 명확히 설명한 뒤 그에게 '회사의 룰에 따르거나 회사를 그만두는 것' 중 하나를 택해 입장을 분명히 하라고 매우 침착하고도 친절하게 제안했다. 그러자 그 직원은 당신의 제안에 수긍했고, 그 뒤로 더 이상은 유사한 문제를 일으키지 않았다고 가정해 보는 것이다.

그렇다 해서 이 문제가 완벽하게 해결되었다고는 할 수 없다. 역사는 계속해서 반복되기 때문이다. 그 직원과 동일한 부류의 사람은 언제든 회사에 들어올 수 있고, 그래서 또다시 유사한 문제가 불거지면 관리자나 경영자는 다시금 똑같은 과정을 거쳐야 한다.

어느 세계적 신경 과학자의 말에 따르면 "뇌는 생각을 위해서가 아니라, 에너지를 최대한 절약하기 위해 24시간 일한다." 조직의 분위기를 흐트러뜨리는 이에게 합리적이고도 친절한 태도를 유지하는 일이 얼마나 많은 에너지를 필요로 하는지 모르는 사람은 없을 것이다. 하지만 우린 그 고생을 하고도 마지막 한 가지 절차를 뛰어넘는 실수를 하고, 그 탓에 에너지를 절약하려 고군분투하는 우리의 뇌에 씻지 못할 죄를 짓는다.

A급 대처, 규범 마련

흉터는 그 사람을 말해 준다. 눈에 보이지 않는 마음의 흉터도 그에게 각인된 코드 중 하나다. 밤늦은 시각에 술에 취한 채 우범지대에 들어섰다가 강도를 만나 머리에 흉터가 생겼다면 그 사람은 그것을 교훈 삼아 다시는 그런 실수를 하지 않을 것이다.

하지만 사업체의 경우는 그렇지 않다. 문제를 일으키는 사람이, 그리고 그것에 대응하는 관리자가 바뀌면 똑같은 자리에 자꾸 칼을 맞는다. 기록하지 않았고, 규범으로 만들지 않았으며, 공지하지 않았기 때문이다.

일본의 어느 사회학자는 일본의 문제가 비극을 공유하지 않는 데 있다고 갈파했다. 원자폭탄을 맞고도 그냥 '미국에 바짝 엎드리면 된다'의 강약약강의 습성만 반복했을 뿐, 도대체 왜 한 나라가 그렇게 패망했는지 복기하고 그 비극을 국민과 공유해 공감하고 교훈으로 삼게 하지 않았기 때문이라는 것이었다.

우리가 항상 말하는 일본과 독일의 차이는 이 지점에서 나온다. 죄악으로 말하자면 일본이 독일보다 덜하지 않았다. 하지만 자국의 잘못과 역사적 상처를 복기하고 후손들에게 공유한 독일은 유럽의 주도국 자리에 올랐고, 그렇게 하지 않은 일본은 지금 국가의 전 분야가 시시각각 가라앉고 있다.

조직이든 국가든, 그것의 성장과 정체는 늘상 같은 것을 기반으로 하여 결정된다. 비극의 교훈을 규범화하고 구성원들과 공유하는 것 말이다.

그래서 지금 사다리필름은 불성실한 직원의 행동에 대응하는 매뉴얼 제작을 위해 구체적 규범을 만들고 있다. 초점은 한 개인의 문제가 아닌, 교훈의 공유에 맞춰져야 한다.

사람 고쳐 쓰는 거 아니다?

한 사람은 그가 겪은 세월만큼의
누적된 코딩의 덩어리이다.
결국 사람도 코딩된 대로 행동한다.
재코딩이 되는 유일한 경우는
지금까지의 코딩이 쓰레기임을 스스로 자각하거나
누군가 자신을 위해
대가 없는 희생으로 지속적인 도움을 줄 때,
혹은 이 두 가지가 겹칠 때다.
학교에선 코딩을 늘 수정할 수 있고,
인생에선 한두 번 수정이 가능하다.
하지만 직장에선 거의 불가능한 일이다.

평판은 관리가 아니라 형성된다

"이분, 믿을 만한가요?"

거래처로부터 전화 한 통을 받았다. 우리 회사에서 일하다 퇴사한 누군가에게 영상기획 일을 맡겨보려고 하는데, 어딘가 모르게 약간 갸우뚱거리게 된다는 것이다. 전화를 건 사람 역시 5년 전쯤 내게서 영상을 배우고 독립한 뒤 성장을 거듭해 다섯 명쯤의 직원들과 함께 영상제작사를 운영 중인 인물이었다.

그저 사적인 확인 전화였음에도 내겐 순간 사명감 같은 게 스쳐 지나갔다. 마치 사건의 진상을 묻는 기자들에게 편견도 왜곡도 없이 사실 그대로를 전달해야 하는 사람이 된 것처럼 말이다. '중매 잘못 서면 뺨이 석 대'라는 말이 있듯이, 사람에 대한 경험자의 평은 대충 둘러 표현되어선 안 되니까.

"빈틈없는 사람을 원한다면 좋은 재목일 거예요. 하지만 조금이라도 신선한 것을 기대한다면 추천하고 싶지 않네요. 아, 그리고 이해관계에 무척 밝은 사람이니 계약서도 미리 잘 써두는 게 좋을 거예요."

이렇게 말했는데 갑자기 어딘가 모르게 스스로 등골이 서늘해졌다. 짧게나마 내가 누군가에 대한 평판을 내놓는 그 순간, 내 과거도 모조리 고깃덩어리가 되어 도마 위에 올라간 듯한 느낌이 든 탓이다. 내가 피고용인으로서 일했던 시간, 조직에 대해 불평을 늘어놓고 퇴사한 뒤 재취업했던 그 과거의 시간들. 우리 회사에서 퇴사한 직원에 대해 내가 방금 내린 평이 모두 고스란히 칼이 되어 그 시간에 박히는 느낌이었달까.

통화를 마치고 나서 잠시 생각에 잠겼다. 그러던 중 이것만큼은 인간사에서 꼭 명심해야 하는 주제가 머리에 떠올랐다. 그것은 '세상은 생각보다 나를 잘 알고 있다'다.

나는 나를 잘 숨길 수 있다?

한 방송국에서 심리 실험을 했다. 첫 번째 실험에선 한 프로그램의 방청객을 모은 뒤 '어떤 연예인이 아이를 입양했다'는 훈훈한 가짜 소문을 퍼뜨렸다. 녹화가 끝나기 전에 현장에서 이 소식을 알게 된 방청객은 총 16퍼센트였다. 두 번째 실험에선 '어떤 연예인이 자살을 했다'는 헛소문을 퍼뜨렸고, 그 전파율은 82퍼센트에 이르렀다. 발 없는 말은 천 리를 가지만 발 없는 부정적 평가는 만 리를 간다.

회사에 대한 뒷담을 나누는 앱이 있다. 화려한 브랜드 광고나 기자들이 돈 받고 써주는 훈훈한 홍보기사에는 전혀 나타나지 않는, 그 회사에 대한 사실들을 나누는 곳이다. 그 얘기들이 진실인지에 대한 판단은 그저 듣는 사람의 몫이지만 그럼에도 사람들은 열광한다. 자신이 일할 직장이라면 그만큼 그곳에 관한 진실을 중요하게 여기기 때문이다.

그런데 과거의 내가 그랬듯, 직원인 사람들은 모르는 게 있다. 가상의 것이긴 하지만 경영자들 사이에도 이런 '평판의 앱'이 존재한다는 사실이다. 지원자들의 이력서는 '브랜딩 광고', 자기소개서는 '홍보기사'나 마찬가지인데, 앞으로 몇 년씩 머리 맞대고 같이 생활할 사람을 어떻게 그것들만 보고 뽑겠는가. 채용하려는 직원의 직책이 중요할수록 지원자에 대한 검증은 필수가 되고, 그 사람에 대한 문의는 거의 반드시일 정도로 하기 마련이다. 그를 실제로 겪어본 사람들에게 연락해서 말이다.

세상이라는 거대한 시스템 속에 있는 나는 타인의 눈에 띄지 않는 한낱 개인일 뿐이라 여기며 살고 있다면 이건 착각 중에서도 큰 착각이다. 지금은 SNS조차도 우리의 일거수일투족을 빠짐없이 기록하고 있는 시대니까.

『타인의 해석』이라는 두툼한 신간에서 말콤 글래드웰은 우리를 지배하는, 그러나 서로 상충하는 두 가지 확고한 믿음에 대해 이야기한다. 하나는 '나는 남들을 잘 파악할 수 있다'이고, 다른 하나는 '나는 남들에게 나를 숨길 수 있다'다. 이 둘과 반대로 '나는 남들에 대해 잘 모른다' 또 '나는 벌거벗은 듯 남들에게 노출되어 있다'라는 신념을 가졌더라면 우린 참으로 지혜로웠겠지만, 인간의 실재는 그렇게나 어리석다.

인간의 얼굴에는 40개의 근육이 있다. 세계적 거장인 연기자들의 메소드 연기가 아닌 한 우리는 상대가 갖는 (적어도 나에 대한) 감정을 기막히게 간파한다. 눈앞에 있는 사람을 속이고 싶은 마음이 제아무리 강하다 해도, 내 안면근육 40개가 만들어내는 조합은 거짓말을 하지 못한다.

그럼에도 '나는 날 충분히 숨길 수 있고, 안 그런 척할 수 있다'고 믿는 게 인간이다. 자신의 안면근육은 제어하지도 못하면서 비뚤어진 시선으로 상대를 바라볼 때 우리는 무척이나 자신있어한다. 이렇듯 불균형한 본능의 중력에서 우리 대부분이 자유로워지려면, 좀더 지혜로워지려면, 아니 이 글을 쓰는 목적인 '더 나은 평판을 형성'하려면 어떻게 해야 할까.

한 사람에게 잘하는 것이 전부

나는 '인맥 관리'라는 말을 혐오한다. 명절 때만 되면 내게 물어보지도 않고 꽃다발이나 생선 박스를 보내는 회사가 있다. 인사말도 별반 없다. AI가 보내는 거니 당연하다. 설사 있더라도 개업

한 가게에 배달되는 싸구려 화분에 달린 리본 수준의 인사말이니 하나도 반갑지 않다. 누가 관리당하길 원하겠는가.

'인간관계'라는 콘셉트로 대체되지 않으면 퇴사 즉시 (특히 대기업이나 공무원 출신일 경우) 안개처럼 사라져버리는 것이 바로 '인맥'이다. 그러니 마찬가지로 평판 관리의 개념 또한 평판 형성으로 대체되어야 한다. 그럼 평판 관리와 평판 형성은 어떤 점에서 다른 걸까?

전자가 연기로 브랜드를 만들어가는 것이라면 후자는 당사자들의 니드를 진정으로 해결해 주는 능력을 검증받는 것이다. 카리스마라는 단어의 본래 의미가 '상대로 하여금 스스로 무릎 꿇고 싶게 하는 능력'이듯, 내 성품과 능력을 경험해 본 당사자가 스스로 내게 신세졌다 생각하게 하는 것이란 뜻이다.

평판은 형성되는 것이지 관리되는 것이 아니다. 물론 이건 평판엔 발이 있어서 눈 깜짝할 사이 천 리를 이동한다는 걸 여러분이 알고 있다는 가정하에서 하는 말이다,

모든 뇌세포에는 다른 뇌세포들과의 연결지점이 있다. 이걸 시냅스synapse라고 부른다. 뇌세포 하나에는 무수하게 많은 시냅스가 있어서, 한 뇌세포가 외부로부터 자극을 받아 발화하면 그 자극은 해당 뇌세포와 연결된 모든 다른 뇌세포로 동시 발화되면서 전달된다고 한다.

연상이니 공감이니 하는 것, 또 여러 요소를 연결하는 창조는 이런 과정을 거쳐서 일어나는데 이것이 바로 '발 없는 평판이 천

리를 가는' 경우와 흡사하다 하겠다. 단 하나의 자극이라도 그 강도가 충분하기만 하다면 뇌세포의 시냅스를 거쳐 머릿속 1,000억 개의 세포들로 빠르게 퍼져 나간다 하니 말이다.

좋은 평판은 실체가 애매모호한 '회사'라는 집단적 존재에게 내가 잘 보여 만들어지는 게 아니다. 그보다는 진심으로 만족(발화)한 하나의 뇌세포, 그러니까 내가 도와야 할 단 한 명의 동료, 고객, 그리고 경영자가 감동할 때 비로소 형성된다.

당신도 당신에게 잘해준 사람에 대해선 절대 나쁘게 말할 일이 없지 않겠는가. 그렇다. 한 사람에게 잘하는 것이 결국 전부에게 잘하는 것이다. 이것이 평판의 본질이다.

퇴사를 바라보는 시선

"저, 독립하려고요……"

아끼던 직원이 말문을 열었다. 독립을 하고 싶단다. 사실 잊어버리고 있었지만 2년 전 그가 입사했을 때 나는 "2년 후에는 독립할 수준이 되어야 합니다"라고 강하게 말했었다. 2년 뒤엔 내보내겠다는 뜻이 아니라 2년 이상 발전이 없으면 성장을 빌미로 더 이상 데리고 있기 힘들 거란 사전 경고였다.

지나고 보니 그 경고는 기우였다. 당시 36세여서 촬영 편집을 배우기엔 다소 늦은 나이였지만 그는 두 해 동안 여러 일을 겪으며 훌쩍 성장했다. 성격도 좋은 데다 예전에 영업직으로 일한 바 있었기에 프리랜서로 독립하는 데는 아무 문제가 없었다. 그래도 아전으로 인수하는 게 사람인지라, 별 문제도 없이 일 잘하던 그가 딱 2년 되는 시점에 예고도 없이 퇴사 선언을 해버린 것이 적잖이 당황스럽고 섭섭했다.

하지만 나는 아무 말 없이 웃으며 축하인사를 건넸고, 곧바로 그에게 우리와의 이후 관계 설정을 제안했다. 스핀오프 프리랜서로 인정하고 일정 기간, 일정 수준의 회사 물량을 주문 제공할 테니 수락하겠냐고 말이다. 내가 처음부터 그에게 얘기했던 말도 있었지만, 불과 6개월 전에 우리 회사 직원들을 대상으로 발표한 성장과 성공에 대한 4원칙 때문이었다.

훌륭한 재목을 길러내기 위한 원칙

'신의 직장'이라 일컫는 정부 공사의 경우에도 최근 신입사원들 중 25퍼센트가 2년 내 그만둔다는 통계가 있다. 자신의 성장을 위해 직에 연연하지 않고 자기만의 업을 갈고닦으며 부단히 자리를 옮기는 트렌드는 이제 전혀 이상한 게 아니다.

지금은 VUCA의 시대라고도 한다. 변동성volatility, 불확실성uncertainty, 원인복잡성complexicy, 경계모호성ambiguity의 시대에 한 직장에 너무 오래 머무르는 것은 스스로 고인물이 되어 뒤처짐을 자처하는 것과 같다. 물론 오랜 시간을 한 직장에서 보내더라도 여러 층위의 다양한 일을 해볼 수 있다면 예외이다.

모두가 더 나은 기회와 경력을 위해 부단히 다른 진로를 모색하는 이런 시대에는 '인재 관리'라는 개념 자체가 사실상 불가능한 것일지 모른다. 붙잡아도 떠나고, 회사에 별 유감이 없어도 떠나고, 회사의 미래가 빵빵해도 떠나니까.

입사한 직원들이 2~3년 내에 퇴사해 버리는 현상이 상수라면 현실적으로 관리에 힘써야 할 대상은 인재가 아닌 인재의 흐름일 것이다. 인재들이 부단히 들고 나는 과정 중에도 가장 훌륭한 사람들만큼은 '그때를 기준으로 회사에 있게 하는' 방법을 궁리해야 한다는 뜻이다. 고인물 관리에서 흐르는 물 관리로 태세를 바꾸는 일이라 해도 되겠다.

사람을 붙잡기보다는 시스템을 만들어야 한다. 그리고 그 시스템이란 쉽게 말해 가장 훌륭한 재목들이 회사에 들고, 걸러지고, 나는 과정의 원칙을 뜻한다. 그래서 발표한 것이 '사다리 커리어 성공 4원칙'이다.

사다리 커리어 성공 4원칙에선 우선 다음의 세 가지 경우를 사다리언으로서 성공한 케이스로 본다.

첫 번째는 2~3년간 대폭 성장해 이전과는 다른 '급'으로 회사와 재계약을 하는 경우다. PD로 들어왔으면 CP가 되어, CP로 시작했으면 임원이 되어 계약하는 경우를 뜻하는데, 흔히 말하듯 '승진'이라 이를 일컫지 않는 건 입사해서 그저 시간만 보내면 급이 올라가는 게 아니기 때문이다. 프로야구에 비유하자면 자유계약 선수가 된 후 거액의 연봉으로 새로운 커리어를 시작하는 개념이다.

두 번째는 회사에서 일을 배워 독립하는 경우다. 물론 같은 업종으로 경쟁 회사를 세우는 건 금지다. 설렁탕 전문점에서 일을 배우고 그만둔 뒤 맞은편에 설렁탕집을 차리는 경우 같은 일 말이다. 하지만 언젠가는 다들 독립해서 성체 고릴라가 될 것이기에 그걸 두려워하는 실버백(고릴라 무리의 알파)이라면 사실 사업을 하지 말아야 한다. 적어도 지금까지 사다리필름은 그간 독립해 나간 거의 모든 PD들과 생산적인 관계를 유지하며 서로 지원하고 협력하고 있다.

세 번째는 업계의 훨씬 큰 회사로 영전하는 경우다. 그런 건 배 아파해야 하는 것 아니냐고 할 수도 있겠지만 내 생각은 전혀 다르다.

직원 관리라는 개념보다 인간 관계를 중시하는 우리 회사로서는 동일 업종이라도 큰 기업으로 옮겨가서 많이 경험할 사람을 배출한다는 게 마냥 샘나는 일은 아니다. 세상은 돌고 돌기 마련이라 몇 년 후엔 그들이 사다리필름으로 돌아오는 일도 종종 발생한다. 그렇게 돌아온 직원의 능력과 애사심은 타의 추종을 불허한다. 다들 집 나가면 효자가 된다고 하지 않던가.

마지막 원칙은 '앞의 1~3번 중 하나에도 해당하지 않으면 실패한 것이다'다. 천사표 원칙만 진행된다고 생각한다면 오산임을 알려주고, 이게 현실이란 사실에 못을 박는 원칙이다. 사다리필름은 구호단체가 아닌 회사니까.

새로운 업주의 탄생을 축하하며

독립하기로 한 직원을 위해 우리는 한 가지를 몰래 준비했다. 모두 모인 자리에서 퇴사를 축하하는 세리머니가 그것이다. 프리랜서로 태어나는 인생의 중차대한 순간이니 그의 생일에 준하는 축하를 준비해 주는 게 좋을 것 같았다.

뱃속의 아기가 모태의 절대적 보호를 벗어나 세상으로 나아가며 겪는 것이 그러하듯, 독립과 동시에 그는 수입 증가와 함께 업무 변동성의 증가도 겪을 것이다.

스스로 영업을 하고, 발생하는 문제에 대해서도 자신이 책임을 지며, 윗사람 대신 고객을 섬기고, 자기를 위해 일하는 직원들에게 급여를 지급해 주려 불철주야 계좌 잔고에 신경이 곤두서게 될 것이다. 그러면서 자신의 전 고용주가 얼마나 노심초사 기업을 운영했는지 새삼 깨달을 수도 있을 것이다. 이러할진대 새로운 업주의 탄생을 어찌 축하해 주지 않을 수 있겠는가.

뜻밖의 이유

스스로 자신을 평가하는 수준을
'자존심'이라 하고
남들이 평가하는 수준을
'평판'이라 한다.
자존심과 평판의 무게 차이를
당신은 역기처럼 쳐들고 산다.
삶이 힘든 것은 고난 때문이 아니다.

잘라, 말아?

손절각 인간

어느 유명 개그맨이 방송에서 진지하게 자신이 손절하는 인간형에 대해 이야기하는 걸 봤다. 그는 자기 앞에서 다른 사람을 흉보는 사람은 칼같이 손절한단다. 특별한 이해나 원한 관계도 없는 사람에게 타인의 사소한 흉을 늘어놓는 이라면 분명 자기에 대해서도 남들 앞에서 그렇게 얘기할 것이기 때문이라 했다.

누군들 그러지 않겠는가. 개가 나를 보고 짖는 건 별다른 이유가 있어서가 아니라 그저 짖고 싶어하던 그때 마침 내가 그 앞을 지나갔기 때문이다. 마찬가지로, A라는 사람이 나를 앞에 두고 B를 헐뜯는 건 B에게 문제가 있어서라기보다는 그저 A가 가진 습성의 밥 노릇을 내가 해주고 있는 탓이다.

이런 인간론을 늘어놓는 이유는 지극히 간단하다. 맘에 들지 않는 직원에게 당신이 격한 언사를 퍼붓거나 더 나아가 과격한 처분을 내릴 때, 당신이 알아둬야 할 사실이 있다.

그 직원이 당신으로부터 정말 그런 처분과 대우를 받을 만한 잘못을 했다 할지라도, 그래서 당신의 행동과 처분에 여타 다른 직원들이 만족스러운 박수를 보낼지라도, 그들은 본능적으로 '내가 뭔가를 잘못하면 저 사람은 내게도 저리 하겠구나'라 여기게 된다는 점이다. 생각할수록 무서운 지점이다.

박수 치며 경멸하고, 핍박하며 존경한다

런던의 지하철에서 술에 취해 유색인종 승객들에게 5분간이나 폭언을 해대는 백인 청년의 영상을 본 적 있다. 조용히 하차하려던 일군의 흑인 청년들이 지하철에서 내리기 직전의 순간 어퍼컷을 한 방 날리자 취객은 그대로 쓰러져 정신을 잃었고, 그때까지 그를 말렸던 다른 승객들은 박수를 치며 환호했다.

짧은 영상은 그렇게 '참교육'의 자막으로 막을 내렸지만 난 확신했다. 박수치며 환영하는 저들의 뇌리 속에선 '흑인 청년들에게 심한 말을 하면 나도 맞을 것'이란 또다른 참교육도 진행되었을 것임을.

사람은 맥락의 동물이다. 하나의 맥락이 폭주열차처럼 진행되는 모멘텀 속에선 사사로운 잘잘못이 잘 의식되지 않는다. 그저 그 이야기의 추진력이 향하는 결론의 종착을 향해 모두가 일방으로 달려갈 뿐이다. 하지만 그런 맥락 속에서 남들도 동의한다는 이유로 누군가에 대해 가혹한 결정을 내리는 것은 정당한 일일까? 시시비비를 떠나 그것이 경영자에게 장기적으로 이로울까에 관해서라면 나는 남들과 다른 견해를 갖고 있다.

군대에서 일요일이면 종교행사에 꼬박꼬박 참석하던 어느 졸병의 이야기를 들었다. 여러 종교행사에 절대 안 빠지고 참석하는 그가 고참 눈에는 아니꼽게 보였나 보다. 고참은 그에게 온갖 궂은일을 시키며 행사 참석을 방해했지만 졸병은 '죽일 테면 죽여라' 하는 태도로 굽히지 않았단다. 그런 핍박을 계속하던 고참이 나중에 병장을 달고 제대하기 직전, 그 졸병을 불러서 말했단다. "넌 크게 될 놈이야"라고.

사람들은 원칙을 지키는 리더를 답답해한다. '고구마'라고 욕하는가 하면 '저래 가지곤 경영자의 면이 안 선다'고 한다. 면을 지키려 했는데 자기 기분처럼 다른 사람을 팍팍 쳐내지 않는다고, 아무리 봐도 사업가 기질은 아니라고도 이야기한다. 그럴 수도 있겠다.

하지만 여기 무서운 사실이 하나 숨어 있다. 신념을 갖고 있는 듯 보였던 그 졸병이 상관의 겁박에 밀려 곧바로 자신의 의지를 접었다면 분명 그 상관은 졸병에게 박수를 쳐주며 환영의 뜻을 표했을 것이다. 마음 한구석으론 그 졸병을 경멸하면서.

우리 각각의 머릿속엔 적어도 세 사람이 산다. 본능의 사람, 감정의 사람, 그리고 이성의 사람이다. 본능적으로, 또 감정적으로 누군가를 자신의 맘에 들어 한다 해서 냉정한 이성마저 그를 좋아하는 것은 아니다. 누구에게서든 양심은 작동하기 마련이기 때문이다. 무의식적으로라도.

오늘도 사람들은 당신을 지켜보고 있다

직장생활이 엉망인 동료를 보며 '저런 사람은 잘라야 해'라 생각했으면서도 막상 그가 그렇게 되는 상황을 접하면 '나도 뭔가 잘 못하면 아웃이겠다'라 여기며 권위를 가진 자를 경원시하는 것이 인간이다.

엉망인 직원을 자른 경영자 입장에서 보자면 직원들의 박수는 받지만 '저 리더는 날 끝까지 믿어줄 것 같다'는 신뢰는 잃고 만다. 쓰나미가 와도 안 될 걸 되게 하는 것이 경영 스킬을 뛰어넘는 신뢰의 힘인데 말이다.

우리에게 회사는 마치 실체가 있는 존재처럼 이름과 외형을 가진 대상으로 여겨지곤 한다. 하지만 사실 인간 사회에서 사업이란 것, 그리고 회사란 것은 모두 '신뢰 관계'라는 물체에 빨주노초파남보의 색을 칠한 물건에 지나지 않는다. 서로 믿고 디딜 수 있다고 생각하지 못하면 상방 관계건 하방 관계건 무너진다.

회사는 문명의 산물이다. 하지만 신뢰가 무너지면 문명은 불가하다. 잘릴 만한 일을 저지른 직원이라 해도 곧바로 그를 해고하는 건 그래서 좋지 않은 일이고, 사실상 경영자의 자살 행위나 다름없다. 물론 신속한 해고가 공동체 유지에 불가피하다고 확실히 판단되는 경우는 예외다. 다만 이런 경우 역시 그전까지 엄청나게 참아보려 했고, 그래서 충분한 이유가 쌓였을 때 단행되어야 한다.

택시 기사든 식당 종업원이든 우리 회사 직원이든, 누군가는 당신이 당신의 을에게 하고 있는 일거수일투족을 보고 있다. 그러면서 당신이 언젠가는 그 행동 그대로를 자기에게도 할 거란 데이터를 쌓고 있다. 지금 당장 그들이 당신의 행동을 환영하는가 반대하는가는 중요치 않다.

'어류도 공포를 느끼는가'라는 질문에 대한 학자들의 대답은 '그걸 질문이라고 하는가'였다. 수조 밖으로 끌려 나가 횟감이 되어가는 친구를 수조 안에서 지켜보는 물고기들의 영상을 접한 적이 있다. 그야말로 공포 그 자체의 분위기였다. 일벌백계는 악의적 상습범들에게만 취해야 하는 조치다.

상습적이면서도 악의적인 사람은 생각보다 많지 않다. 대개의 사람들은 당신이 조직을 위해 과단성을 발휘하길 바라면서도 동시에 다른 한편으론 한 명 한 명의 맥락을 살피고 끝까지 사려 깊게 행동해 주길 바란다. 그런 복잡한 사람들이 오늘도 당신을 지켜보고 있다.

첫 직원을 들이는 당신에게

긴장한 면접관

사다리필름이 메뚜기처럼 카페를 전전하던 시절부터 줄곧 함께 일했던 카메라 감독이 '처음으로 직원을 들이려 한다'는 소식을 전해 왔다. 혼자 일하는 프리랜서였지만 이젠 살림이 커지고 제자도 있어야 하니 사람을 채용하려 한단다. 다만 면접을 앞두고 많이 긴장되어 걱정이라 했다.

고용, 피고용과 관련해 보통 우리는 세 가지 모드 중 하나가 된다. 피고용자 모드, 파트너 모드, 그리고 고용자 모드. 사회는 궁극적으로 수평 모드를 향하고 있다는 트렌드와 별개로, 고용이라는 개념은 사실상 고용 초보자들에게 적잖은 기대와 큰 부담을 동시에 느끼게 한다. 고용된, 혹은 고용될 사람들의 생계와 복지,

그리고 성장에 대한 책임을 전적으로 지는 위치이기 때문이다.

내게 연락을 준 카메라 감독도 아마 그런 마음 탓에 지금 긴장한 것이리라. 그래서 그저 축하와 격려 정도를 전하려 했는데, 그가 '이번에 고용하려고 염두에 둔 사람과 으쌰으쌰해서 잘해보려한다'는 말을 하며 내게 조언을 부탁했다. 그때 내 머릿속엔 고용과 관련하여 꼭 기억해야 할 세 가지 키워드가 떠올랐다. 냉정, 열정, 그리고 애정.

냉정을 잃지 마라

단 한 명이라도 동업자가 아닌 고용 관계로 맺어진 직원이라면 그는 당신의 개인적 친구가 아니다. 개인적으로야 그 어떤 톤으로 서로를 대하든, 그는 당신을 고용주로서 마땅히 지킬 걸 지켜야 하는 환경으로 인식할 것이기 때문이다.

급여와 복지, 그리고 성장을 책임진 고용주는 강자의 입장에, 피고용인은 약자의 입장에 서게 된다. 억대의 돈을 주고 연예인을 '모셔다가' 광고를 찍어야 하는 유의 극단적 경우를 제외하면 말이다. 그런데 여기서 올챙이 적 생각을 까마득히 잊은 개구리가 되는 지점이 있다. 바로 약자는 상대에게 따지는 게 많다는 지점이다.

당신의 직원이 당신을 웃는 표정과 밝은 태도로 대한다 해서 그가 당신 회사의 처우에 대해 속으로 일일이 따지지 않고 있을 거라 여기면 오산이다. 4대 보험은 되는지, 퇴직금 제도는 있는지, 칼퇴근은 가능한지, 연월차에 대한 법적 권리는 정확히 지켜주는지, 연봉 인상의 여지는 있는지, 승진과 해고의 원칙은 무엇인지 등에 대해서 피고용인들은 늘 생각하고 있다. 직장 규모가 아무리 작아도, 서로 머리를 맞대고 친구처럼 지낸다 해도 여기엔 예외가 없다.

그러니 항상 기억해야 한다. 그는 당신의 몸종도 아니고 가족도 아니다. 당신은 그의 환경이며 그는 당신을 그 이상이나 이하로 인식하지 않는다. 그 환경의 원칙에 조금이라도 어긋나는 일이 생기면 그는 바로 불만을 표할 것이다. 그게 아니라면 맘속으로 조용히 쌓고 있다가 당신이 생각지도 못할 때 그걸 폭발시킬 테고.

이는 약자의 정당한 권리다. 그러니 평소 당신 자신을 환경 조성자로, 원칙 수립자로 냉정하고 냉철하게 이해하지 못한다면 그런 경우와 맞닥뜨렸을 때 '뒤통수를 맞았다'는 식의 이상한 넋두리나 하게 될 것이다.

열정 같은 소리 하지 마라

인간은 자기의 일에만 열정적이다. 그러니 직원임에도 회사 일에 열정적인 이는 소위 '난 사람'이다. 그는 당신이나 회사를 예뻐해서가 아니라 그가 자신의 '업'에 열정이 있어서다. 그는 꼭 당신 회사에서가 아니더라도 자신의 일에 소명의식과 프라이드를 갖고 스스로 자기계발을 이어가는 사람인 것이다. 그리고 내 경험에 비춰 말하건대, 그렇게 훌륭한 사람은 100명 중 한 명 꼴에 불과하기에 당신과 함께할 가능성도 그만큼 매우 낮다.

"그래도 라떼는 스스로 열정적으로 일했는데 요즘 사람들에겐 그런 열정이 없다"며 강변하고 싶을 것이다. 그런데 별 의욕 없는 직원을 열정적으로 만드는 확실한 방법이 하나 있긴 하다. 그에게 지분을 줘라. 10퍼센트를 주면 10퍼센트만큼 열정적일 테고, 50퍼센트를 주면 당신만큼 열정적일 것이며, 60퍼센트를 주면 당신에게 열정이 없다며 불평할 것이다.

'책임을 다하는 것'까지만 기대하고자 하는 사람에겐 직원으로 대하고, '열정을 쏟아붓길' 바라는 사람에겐 지분을 줘라. 나는 내 지분의 40퍼센트를 주고 어디에서도 얻을 수 없는 파트너를 만났다. 그리고 지금 그는 사다리필름의 공동대표가 되어 내가 쉬고 있는 시간에도 열정적으로 뛰고 있다. 지분 주기가 아깝다고? 그럼 열정 같은 소리 하지 마라.

애정엔 시간이 걸린다

이런 얘기까지 듣고 나면 "열정을 쏟아붓는 게 안 된다면 회사에 애정이라도 있어야 하는 거 아니냐"고 말하고 싶은 분들도 분명 있을 것이다. 그 마음, 잘 안다. 한때 나도 항상 입에 달고 살았던 말이니까.

그런데 이것도 알지 모르겠다. 중·고등학교 친구도 아니고 다른 어른이 되어 취직한 직장의 동료들끼리 소주 몇 병 들이켜고 노래방에서 탬버린 좀 흔들었다 해서 갑자기 회사에 애정이 생긴다는 건 소도 웃을 소리라는 걸.

애정은 신뢰를 기반으로 만들어진다. 서로 못 믿는 사이에서 무슨 애정이 싹트겠나. 흔히 말하는 '믿음, 소망, 사랑'에서는 앞 단어가 뒤 단어의 조건이 된다는 진리 정도는 알고 살아야 하지 않겠나.

서로 다른 사람들 사이에서 신뢰가 생기는 데도 최소 1년은 걸리는데, 하물며 그 대상이 인격적 실체도 없는 회사라면 그 시간도 3배수가량 더 든다고 보면 된다. 내 경험에 따르면 의욕도 열정도 없는 직원이 회사에 마음을 열고 애정을 보이는 데까진 적어도 만 2년이 걸린다. 회사가 투명하게 운영됨과 동시에 적절한 복지와 급여, 성장책을 지속적으로 제공하는 데 최선을 다한다는 전제하에서다.

팝의 디바 머라이어 캐리가 부른 곡 중엔 〈*Love Takes Time*〉이란 게 있다. 이 제목처럼 애정이 쌓이는 덴 시간이 걸린다. 진실한 애정은 최고의 감정이고, 그런 척하는 '사회생활 연기'가 아니다.

굽실거리고 아부하는 직원 정도로 충분히 만족하는 고용자라면 최선을 다해 그런 사람을 뽑으면 되겠다.

사장도 공인

당신은 연예인이 공인이라고 생각하는가? 그렇다면 '고용주도 공인이다'는 사실을 받아들여야 한다. '알바생 한두 명 데리고 있긴 하지만, 그거야 내 사적 공간에 잠깐씩 타인이 들어와 내 룰대로 일하다 가는 것'이라고 생각한다면 당신은 한참 뒤처져 있다. 또한 매우 위험한 발상까지 하는 중이라고 단언할 수 있다. 편의점 귀퉁이에서 일어나는 소소한 일도 원칙에 어긋나면 SNS에서 곧바로 뉴스가 되는 세상이니까.

누군가를 고용하는 순간 당신은 사장이 되고, 사장이 되는 순간 당신은 사회적 책임을 가진 주체가 되며, 그 책임을 다하지 못할 땐 뉴스거리가 된다. 자식을 낳는 순간 누구나 부모가 되어 책임을 다해야 하고, 그게 안 될 땐 뉴스에 등장하기 마련인 것처럼 말이다.

학벌 운운하는 이유

자신의 학벌을 입에 달고 다니고
자신의 큰 회사 경력을 반복해서 말하는 건
지금 내겐 그만한 게 없다고 느껴서다.
과거를 말하는 것보다 더 나은 건
미래를 말하는 것이고,
그보다 더 나은 건 아무 말 않는 거다.
어차피 송곳이라면
주머니 밖으로 뚫고 나오기 마련이니.

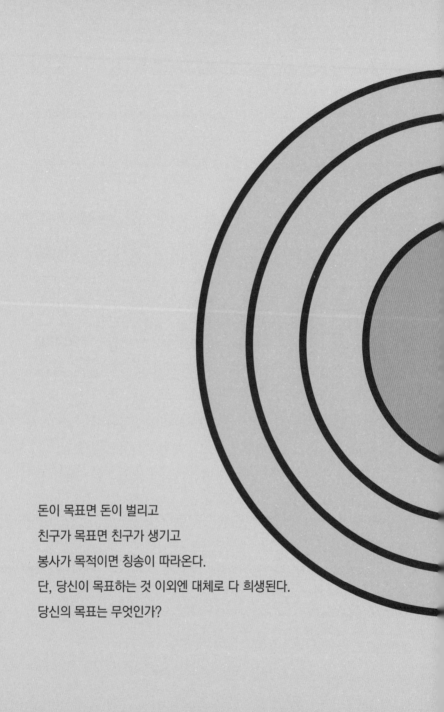

돈이 목표면 돈이 벌리고
친구가 목표면 친구가 생기고
봉사가 목적이면 칭송이 따라온다.
단, 당신이 목표하는 것 이외엔 대체로 다 희생된다.
당신의 목표는 무엇인가?

5장

'쓸데없이 고퀄'인
전략을 지속하는 이유

소기업의 사칙연산

메뉴에선 뺄셈을

예전에 어머니가 그러셨다. 수학은 사칙연산만 알면 된다고. 경영에 관심이 있었음에도 경영학과로 진학하지 않은 건 그 학과에 들어가면 미적분을 해야 한다는 말을 들어서였다. '경영은 사칙연산만 되면 할 수 있다'는 개똥철학은 내가 어릴 때부터 굳건히 자리잡았던 것 같다. 그런데 실제로 중년이 되어 바닥부터 다시 사업을 시작해 보니 그 말이 정말 맞다는 생각이 든다.

사다리필름은 홍보영상 제작사로 첫 발을 내디뎠다. 이전에 교육 분야에 몸담았던 덕에 교육영상은 잘 만들 수 있다는 자신이 있었지만, 내겐 광고영상에 대한 로망도 있었다. 그래서 처음에 편당 140만 원 받는 저예산 바이럴 영상을 시작했는데 이게 전체 매출의 9할을 차지했다. 못 이기는 척하고 교육영상도 조금은 만들었다. 그런데 홍보영상과 교육영상의 제작 비율이 두 번째 해엔 8:2, 3년 차에는 6:4가 되더니 코로나19가 터진 뒤엔 4:6으로 뒤집어졌다. 급기야 2022년에는 홍보영상 쪽이 20퍼센트 이하로 내려갔다.

사실 말은 안 했지만 의식은 하고 있었다. 결국엔 교육영상 쪽으로 돌아올 거라고 말이다. '사람은 원래 자기가 잘하는 걸 하게 된다'라는 내면의 소리를 외면하고 싶었지만, 어려운 내용을 쉽게 전달하는 교육 및 정보영상의 제작이 나란 송충이의 솔잎임을 최근 들어 완전히 인정해 버렸다. 그래서 홍보나 광고영상은 의뢰가 들어오는 경우에만 만들기로 했다. 메뉴판엔 없지만 손님이 따로 주문하면 그때에만 만들어 드리는 특별 음식처럼 말이다.

소상공의 첫 사칙연산은 뺄셈이다. 잘하는 것 한 가지 외의 나머지는 모두 메뉴에서 내려야 한다. 죽집이라면 죽만 만들어야 손님이 온다. 잘되는 집은 그래서 잘되는 거고, 잘되어가는 집이라면 사다리필름처럼 결국 잘하는 것만 하는 구조로 향하기 마련이다.

'그래도 구색은 맞춰야 하지 않나'란 반론이 마음에서 올라오는 분도 있을 것이다. 나도 한참 동안 그랬고, 교육영상만 만들면 매출이 반토막으로 주저앉을 것만 같아 다른 것들을 놓지 못했다. 하지만 구색은 백화점이 맞추면 되는 것이고, 그 안에 입점한 나는 한 가지 이유에서만 고객 눈에 띄면 된다. 그게 마케팅이고 브랜딩이다.

스피드에선 덧셈을

주문 고객에게 로켓처럼 달려가 물건을 내놓는 스피드도 중요하다. 그렇지 않아도 우리는 스피드를 강조하는 데 일가견이 있는 민족이다. 5분 빨리 밥 먹는 게 뭐 그리 대단한 일이라고, 연간 수백 명의 배달 오토바이 사고 희생자를 내면서도 스피드를 포기하지 못하는 걸 보면 알 수 있다. 이런 스피드는 '결과 도출의 스피드'라 할 수 있다.

하지만 애자일agile 경영의 시대에 결과 도출의 스피드보다 더욱 더 중요해진 스피드가 있다. 바로 '신메뉴 개발의 스피드'다. "뭘 좋아할지 몰라서 다 가져와 봤어"라며 사람을 감동시킬 예산이 없다면, 뭘 좋아할지 모르니 재빨리 다른 걸 가져와 내밀어야 한다. 사실 시장에서, 또 고객에게 어떤 상품이 먹힐지는 아무도 모른다. 시장도 고객도 너무 빨리 변하는 시대니까. 이럴 땐 빨리 개발해서 빨리 던져보는 것 외의 방법이 없다.

더불어 앞서 말한 두 가지 스피드만큼이나 중요해진 또다른 하나는 '수정의 스피드'다. 정리하자면 재빨리 개발하고, 재빨리 피드백을 받아들여 수정하고, 재빨리 결과물을 내놓는 것, 이 세 가지 스피드가 스몰 비즈니스의 살길이다. 공룡은 죽었지만 소형 포유류는 살아남은 비결도 스피드였다.

이런 상황을 한번 떠올려보자. 당신은 매장을 열고 싶지만 마땅한 아이템이 떠오르지 않아 일단 스타벅스 옆에 커피숍을 차리는 기개를 발휘했다. 그렇다면 무엇으로 승부해야 할까? 세 종류의 스피드를 발휘할 수밖에 없다. 그런데 또 한 가지 문제와 맞닥뜨렸다. 모두들 스피드를 높이기 위해 열심히 노력하는 상황인데 어떻게 나만 더 빨라질 수 있을까? 뺄셈이 힘을 발휘하는 게 이 지점이다.

'채소원'이라는 찌개 전문식당이 있다. 아삭아삭한 채소가 무한 리필되는데 음식 나오는 속도가 장난이 아니다. 이 매장의 홀에는 직원이 없고, 주방은 단순화되어 있다. 찌개와 밥, 이 한 가지 종류만 취급하기 때문이다. 찌개의 종류야 다양하게 구색이 맞춰져 있지만 결국엔 찌개가 포함된 한상차림이 유일한 메뉴인 셈이라서 신메뉴 개발에도, 피드백과 수정에도, 음식 제공에도 오랜 시간이 걸리지 않는다. 소형 포유류인 셈이다.

공부에선 곱셈을

공부하라거나 책 좀 읽으라는 말을 들으면 하품만 나오기 마련이다. 하지만 누구나 알고는 있다. 교육은 '국가와 어른들이 받으라 하는 것을 젊을 때 받아 평생 써먹는 것'이고, 공부는 '스스로 자기계발을 위해 몇 가지 능력을 지속적으로 갖춰가는 것'임을 말이다.

심지어 요즘 같은 시대에 책을 읽는 건 교육도 아니고 공부도 아닌 '업그레이드 패치'라고 봐야 한다. 전기자동차인 테슬라를 타본 사람들이 하나같이 칭송하는 사실이 있다. 마치 아이폰처럼 업그레이드 패치가 지속적으로 이뤄진다는 점이다. 이전의 자동차는 공장에서 나오는 순간부터 늙어가는 상품이었는데, 테슬라의 경우는 그 패치 덕에 오히려 날이 갈수록 성능이 개선된다. 소상공인들도 그런 식이 되지 않으면 더 이상 살아남기 어려운 게 지금 시대다.

당신이 그전까진 1년에 세 권의 책을 샀다면 이제부턴 그 곱인 여섯 권을, 열 권을 읽었다면 그 곱인 스무 권을 읽어야 한다. 무거운 공부가 아닌 가벼운 업그레이드 패칭을 위해서 말이다. 그리고 앞으론 죽는 날까지 그런 자세를 지속해 나가야 한다. 암담하다며 한숨 쉴 거 없다. 지구상의 70억 인구가 공평하게 겪고 있는 상황이니까.

이익에선 나눗셈을

사다리필름의 직원이 일곱 명에서 열다섯 명으로 갑자기 불었을 때의 일이다. 새로 들어온 젊은 직원들의 소극성과 개인성이 당혹스러웠다. 마치 교실 맨 뒷줄에서 공부에 별 관심도 없이 고개 숙이고 앉아 있는 학생 같은 표정으로 일관하는 직원들이 절반쯤 되는 현실에 화가 나 폭발한 적도 있다.

하지만 그럼에도 믿음을 가지고 두 가지 나눔만큼은 철저히 지켰다. 경영정보와 이익의 나눔이다. 사다리필름의 직원들은 현재 회사의 매출과 경영 상황을 실시간으로 정확히 알고 있다. 각자의 업무 페이지에 표시되어 있으니까. 자신의 누적 업무시간과 일의 진행 상황 또한 개인별 업무 대시보드에 실시간으로 나타난다. 그러니 일이 어떻게 돌아가는지 굳이 물어볼 필요도 없고, 절반 이상의 직원이 재택근무를 함에도 효율은 상승하는 것이다.

이러한 정보 나눔은 디지털 트랜스포메이션의 핵심이지만, 보다 중요한 이익의 나눔이 없다면 이 또한 노동자의 고혈을 짜내기 위한 기술이 되기 십상이다. 나는 (나를 믿을 수 없어서) 회사 홈페이지에 공지해 버렸다. 영업이익을 3(주주):3(유보):3(직원):1(사회공헌)로 나누겠다고. 그리고 2022년에 처음으로 재무제표를 직원들에게 공개하고 보너스를 지급했다. 그러고 나니 교실 뒷줄의 아이들이 서서히 앞으로 나왔고, 밝고 즐거운 얼굴로 일하기 시작했다.

이상의 사칙연산이 경영을 위한 것이라고 말하긴 했지만 사실 경영만 해당되는 이야기겠는가. 한 사람의 개인도 기업과 마찬가지인 세상인데. 그러니 '메뉴에선 뺄셈, 스피드에선 덧셈, 공부에선 곱셈, 이익에선 나눗셈'이란 원칙만 굳건히 지켜나가면 아무리 어려운 시대라 해도 길을 찾을 수 있을 거란 생각을 해본다.

시키지 않은 짓을 왜 해?

영화 찍는 것도 아닌데

몇 해 전 상업영상 제작을 본격적으로 시작하기 전에 사다리필름이 프로젝트로 진행하던 교육영상 시리즈가 있었다. 이름만 들으면 모두가 아는 Y사에 납품할 여행영어 콘텐츠였는데, 동남아와 하와이의 다섯 곳에서 로케이션으로 제작해야 했으니 우리로선 나름 대작이었다.

로케이션을 떠나기 전, 며칠간 밤을 새워가며 기획서와 초벌 콘셉트 영상을 제작해 클라이언트와의 프레젠테이션 자리에 들고 갔다. 그런데 박수 받을 줄 알았던 그 자리는 초상집 분위기로 끝나고 말았다. 클라이언트는 관광지 길거리의 거친 분위기를 담아 상대적으로 지저분한 샷들을 원했던 것 같은데, 우리 기획안과 콘셉트 영상은 현장성도 살리되 영상미까지 최고조로 올리는 방법을 제시했으니 서로 어긋날 수밖에.

Y사의 오너는 얼굴이 벌겋게 달아올라 우리 기획안을 성토했다. '영화 찍는 것도 아닌데 왜 쓸데없이 고퀄로 가는 거냐', 다시 말해 '왜 시키지 않은 일을 하느냐'가 요지였다. 그가 화를 내고 나가자 그때까지 순한 양처럼 오너의 눈치를 살피던 임직원들은 승냥이 눈빛으로 돌변했고, 때를 기다렸다는 듯 '고퀄 영상은 피하라'며 우리를 조이기 시작했다.

그러나 장인정신으로 똘똘 뭉친 우리가 영상미 포기의 기미를 보이지 않자 급기야 클라이언트 측에선 촬영 현장 로케이션에 '저퀄 보장 감시원들'까지 파견했다. 물론 클라이언트가 현장에 직원을 보내는 건 있을 수 있는 일이다. 하지만 촬영감독이 뻔히 있음에도 클라이언트 측 직원들이 "NG!"를 외치며 촬영을 중단시키는 일은 그때 생전 처음 겪었고, 그렇게 일일이 촬영 현장에서 간섭을 하니 우리로선 죽을 맛이었다.

가뜩이나 섭씨 40도를 오가는 열대지방에서 하루 15시간씩 촬영을 강행했고, 우리에게 주어진 휴식 시간이라곤 촬영 마지막 날 비행기 타기 전의 한 시간이 전부였던 지옥형 로케이션. 그래도 걸작을 뽑아낼 수만 있다면 다 괜찮다며 모두가 견뎌내고 있었는데 일부러 퀄리티를 낮춰 찍으라니 솔직히 자꾸만 맥이 빠졌다.

그 로케이션에 함께했던 직원들은 지금도 한 명도 빠짐없이 사다리에서 같이 일하고 있다. 그리고 그때의 일 또한 여전히 심심치 않게 회자되고, 이젠 매번 쓴맛과 단맛이 함께 곱씹히는 추억이 되었다. 쓴맛은 무슨 뜻인지 이해하겠는데 단맛은 뭐냐고? 그렇게 집요한 방해가 이뤄졌음에도 우리는 결국 최고 퀄리티의 영상을 뽑아냈다는 뜻이다. 카메라와 편집기는 우리 손에 있었으니까.

자신의 미래를 믿는 사람들의 특징

그 후로 2년쯤 지난 후 한국 최대의 여행업체가 우리에게 문의를 했다. 여행 전문 유튜브채널을 새로 만들면서 시리즈 영상을 제작해야 하는데 파트너사가 되어줄 수 있겠냐는 문의였다.

소규모 신생업체를 검증도 없이 대기업이 덜컥 선택하는 경우는 흔치 않은데 이게 무슨 일인가 싶었다. 조금 어안이 벙벙해진 우리는 그 업체에게 "그런데 뭘 보고 우리를 택하신 건가요?"라 물었다.

그러자 잊고 있던 추억의 그 이름 'Y사의 여행영어'가 나왔다. 우리가 만든 그 고퀄 영상이 "현장감을 충분히 살리면서도 장면 장면이 영화처럼 아름다워서"(좀 비현실적인 표현 같지만 업체 측 담당자가 정말 이렇게 말했다) 우리를 선택했다는 것이다.

그렇다. 시키지 않은 일을 하는 건 자신의 미래를 믿는 사람들이 갖는 대표적 특징 중 하나다.

시키는 일도 최대한 꾀부리며 안 하는 사람들이 있다. 그렇다고 탓할 건 없다. 그들은 '최소투여 최대산출'이라는 자본주의적 원칙에 입각해 움직이고, 자신의 발전된 미래를 믿기보다는 현재를 기준으로 계산기를 두드릴 뿐이니까.

하지만 투여와 산출의 계산기를 똑같이 작동시키더라도 진정 자신의 미래를 믿는 사람, 자기가 품고 있는 꿈을 향해 나아가는 사람은 뭔가 다르다. 그런 이들은 클라이언트나 고용인이 자신에게 어떤 일을 부여했든 그것과는 별도로 미래의 자신이 하게 될 일을 연습할 수밖에 없다. 글자 그대로 시키지 않은 일을 하기 마련이라는 뜻이다. 솔직히 말해 시행착오를 남의 돈으로 해보는 셈이니 이보다 더 남는 장사도 없다.

시키는 일도 제대로 못 하는데 무슨 소리냐고 할 수도 있겠다. 하지만 딴짓을 하라는 게 아니라 시키는 일을 하되 상대가 기대하는 수준을 초과해서 해내라는 것, 다시 말해 '쓸데없이 고퀄'을 추구하라는 뜻이다. 앞서의 예처럼 클라이언트가 '기대 이상의 고퀄'에 화를 내는 경우는 사실 드물다. 아니, 그 회사를 빼고는 지금껏 한 번도 겪어보지 못했다. 보통의 고용자들은 고퀄에 감동하고, 그래서 다시 찾고, 평생고객이 된다. 자신들의 입장에서도 투입보다 산출이 훨씬 큰데 누가 그걸 마다하겠는가.

말하고 싶은 바는 정말 미래를 믿는다면 받은 돈보다 훨씬 크게 돌려주라는 것이다. 하루하루 눈곱만큼씩만 발전하거나 퇴보하는 양상을 지루하게 반복하는 중이라면 자신과 자신의 사업 모두를 돌아봐야 한다. '나는 고객이 시키지 않은 일을 하고 있는가'를 자문하며 말이다.

세상엔 두 종류의 장사가 있다

아마존의 창업자 제프 베조스가 이런 말을 한 적이 있단다. "성공의 세 가지 원칙은 다음과 같다. 첫째, 평범한 일을 탁월하게 해라. 둘째, 그걸 반복해라. 셋째, 그걸 또 반복해라!"

다른 말로 하자면 '쓸데없이 고퀄'로 만드는 일을 반복하라는 뜻이겠다. 사다리필름이 카페를 전전하는 메뚜기 업체였다가 사무실을 마련하고, 또다시 교육영상 제작 전문 중소기업으로 나름의 유의미한 발전을 거듭한 것 또한 단언컨대 '쓸데없이 고퀄' 전략 덕분이다.

비교적 큰돈 주는 대기업 클라이언트들에겐 조금 죄송한 말일수도 있지만, 우리는 얼마를 받든 우리의 품질 기준에 맞춰 일한다. 미래의 고객은 우리가 지금 만들어내는 것을 보고서 우리를택할 테고, 그러니 우리가 한 단계 높은 수준의 작품을 지금 만들면 미래 고객의 수준 또한 한 단계 높아질 것이기 때문이다.

세상의 모든 장사는 결국 두 종류, 즉 최소로 주는 장사와 시키지 않는 짓까지 하는 장사로 나뉜다. 그런데 후자를 실행하는 사람들은 고작 5퍼센트 미만이고, 이내 혁신의 주인공들이 되었다. 고객이 시키는 딱 그 수준까지만 했다면 지금 우리 손에 스마트폰 같은 물건이 있었을까. 누구든 고개를 끄덕일 정도로 당연하다 여기지만 현실에선 의외로 찾기 어려운, '쓸데없이 고퀄'인 장사를 지속해야 하는 이유가 이것이다.

단열단상

탁월함의 출발점

돈 받은 만큼만 일하는 건
업주를 위해 하는 것이고
시키는 이상으로 일하는 건
자신을 위해 하는 것이다.
흔히 대개는 정반대로 알고 있지만.

프로페셔널과 아마추어의 차이

이 일을 왜 하십니까?

처음 영상 제작을 하던 시절, 열심히 만든 작품 하나를 클라이언트에게 보여준 적이 있다. 시크했던 그 클라이언트는 싱긋 웃으며 "대종상 받으려고 만드셨나 봐요?" 했다. 나도 덩달아 웃었다. 그 말이 칭찬인 줄 알았기 때문이다. 그리고 시간이 좀 흐른 뒤, 그의 말이 실은 '당신은 아마추어'라는 뜻이었음을 깨달았다.

세상엔 프로(프로페셔널)을 자처하는 아마추어가 넘친다. 어떤 일로 돈을 벌면 그 일의 프로가 아니겠냐고 반문할 수도 있겠으나, 그 일로 계속 돈을 버는 것에 실패해 결국 그만두었다면 그건 그가 아마추어였기 때문이다.

그렇다면 프로와 아마추어의 근본적 차이는 뭘까? 내가 보기엔 '팔리는 것에서 기쁨을 찾는 자'와 '기쁨을 느끼는 것을 파는 자'의 차이 같다.

"이 일을 왜 하시나요?"라 물으면 각양각색의 답이 나온다. 온갖 미사여구로 사업의 명분을 설명하는 사람이 있는가 하면, 말을 더듬으면서 '먹고 살려고 하다 보니 이리 되었다'고 하는 사람도 있다. 단언컨대 보통 프로는 후자 쪽이다.

사업의 명분과 사회적 공헌에 대해 자신만의 또렷한 생각을 갖고 있는 분들도 많지만, 그들이 정말 프로인지는 그 사업이 얼마나 지속되는지를 보면 알 수 있다. 세월의 풍파를 이겨내고 성공적으로 우뚝 섰다면 생각과 실력을 두루 갖춘 프로 경영자의 회사다. 그러나 말만 번드르르하게 프로 같은 언변, 프로 같은 사무실, 프로 같은 차를 자랑하는 경우는 대개 다 큰 어른들의 '사업 소꿉장난'으로 판명된다. 뼛속 깊이 아마추어인 경영자가 차린 회사였던 셈이다.

프로 경영자와 아마추어 경영자를 구분하는 또다른 기준이 있다. 프로는 '팔리는 아이템'을 만들고, 아마추어는 '팔고 싶은 아이템'을 만든다는 점이다.

팔리는 아이템을 팔고 싶은 아이템과 연결하기

내게 고민을 토로하는 직원이 있었다. 자신은 디자인을 하고 싶은데 회사는 자꾸 관리자로 키우려고 한다는 것이었다. 사실 그에겐 상당히 우수한 관리자의 DNA가 있었다. 요소에 대한 판단이 빠른 데다 시간과 스케줄에 대해서도 날카로워서 일이 산으로 가는 걸 절대 보고 있을 사람이 아니었다. 이렇게 '팔리는 아이템'을 확실히 갖고 있음에도 정작 그가 '팔고 싶은 아이템'은 디자인이었던 것이다. 참고로 그의 디자인은 훌륭했지만 그의 관리력보다는 상품성이 한참 떨어졌다.

그런데 세상의 예상과 달리, 성공한 대부분의 프로는 '팔고 싶은 아이템'을 죽도록 파고 또 판 외골수들이 아니라 '팔리는 아이템'을 만들다가 거기에서 '팔고 싶은 아이템'의 일면을 발견한 사람들이다. 조금 쑥스럽지만 내 경우를 예로 생각해 봐도 그렇다.

나는 원래 영어 강사가 아닌 성악가가 되고 싶었다. 하지만 '비염 탓에 목소리가 변할 수 있다'는 의사의 만류로 눈물을 머금으며 음대 진학을 포기했다. 대학 졸업 후엔 돈벌이가 되는 영어 과외로 생계를 꾸리다가 가르치는 기술이 점점 늘어 방송강사까지 되었다.

그런데 영어를 가르치다 보니 그걸 '음악적'으로 가르치는 방법을 터득했다. '팔리는 아이템' 속에서 '팔고 싶은 아이템'을 발견한 것이다. 프로는 그 접점을 잡아내는 사람이고, 그 DNA는 누구에게나 있다. 이미 발현되었는가, 아니면 아직 그렇지 못한가의 차이만 있을 뿐이다.

어렸을 적 봤던 드라마에 자주 등장하는 장면이 있었다. "난 아버지가 하는 이런 일은 안 할래요! 난 서울 가서 멋진 거 하고 살 거란 말예요!" 하고 외치면서 아들딸이 집을 뛰쳐나가는 장면이다.

그런데 요즘엔 부모가 해오던 전통사업을 완전히 현대적으로 재해석해 '내가 하고 싶은 사업'으로 지혜롭게 틀어 리세팅하는 젊은이들을 많이 본다. 부모가 운영하던 여관을 이어받아 한 건물 안에 여러 테마를 가진 에어비앤비로 전환한다거나, 물려받은 제과점을 달콤한 느낌의 완구 판매 매장과 결합한다거나, 사진관을 무인 스튜디오 형태로 운영하면서 프랜차이즈로 바꾼 것 등이 그 예다.

앞에서 언급한 예들의 공통점은 일단 팔리는 아이템 안의 무언가를 자기가 하고 싶은 테마와 접목시켜 특화하는 것이다. '잘생긴 남자 중에서 성격 좋은 사람을 찾는다'와 '성격 좋은 사람 중에서 잘생긴 사람을 찾는다'가 전혀 다른 얘기듯, '좋아하는 아이템 안에서 팔리는 아이템을 찾는다'와 '팔리는 아이템 안에서 좋아하는 아이템을 연결한다'는 그 결과가 천양지차이다. 그건 바로 '돈이 벌리냐'의 차이다.

프로의 세계를 만드는 것

지금 생각해 보면 "대종상 받으려고 만드셨나 봐요?"라는 비아냥은 내가 받아도 싼 것이었다. 당시 나는 팔리는 영상이 아닌 내가 하고 싶은 영상을 만드는 아마추어였으니까.

아마추어는 자기가 만들고 싶은 것 안에서 먹을 걸 찾는 희망을 품는다. 프로는 팔면 한 푼이라도 받을 수 있는 것의 범위 내에서 자신이 기뻐하는 걸 만들 수 있다고 상상한다. 둘의 극명한 차이는 많든 적든 '자기 스스로를 지원할 수 있는 경제적 능력이 기본적으로 갖춰지는가'다. 유식한 말로 하자면 '지속가능성'이라고 하겠다. 지속불가능하면서 프로페셔널한 건 세상에 없다. 프로의 세계는 지속의 세계다.

'So, What?' 철학

자기 맥락 속에 빠져 있다면

다음은 어느 회사의 창업자가 실제로 사다리필름을 방문해 우리와 나눈 대화의 요약본이다. 우선 읽어보자.

창업자 : 저희가 이번에 일반인도 AR을 할 수 있는 앱을 개발했어요.

사다리 : So, what?

창업자 : 가상공간에 큐브를 넣고 거기서 현실 영상과 믹싱을 해요.

사다리 : So, what?

창업자 : 그걸로 시공간을 넘는 4차원 세계를 만들 수 있어요.

사다리 : So, what?

창업자 : 영상을 찍은 뒤엔 돌아가신 분의 사진을 영상 안에 배

치할 수 있어요.

사다리 : 음…… 그러니까 생일파티 영상을 찍고, 빈자리에는
돌아가신 어머니를 넣으면 앵글을 돌려도 위치가 고정
된다는 말씀인가요?

창업자 : 그렇죠.

사다리 : 그럼 지금은 안 계신 그리운 분들과 함께 있는 영상을
찍을 수 있는 앱이군요!

창업자 : 네에!

이분이 특이하다고 말하고 싶은 것은 절대 아니다. 우리는 철
저히 '입장의 존재'다. 평소 거의 대부분의 시간 동안 소비자의 입
장에서 'So, what?'을 외치는 사람도 정작 자신이 무언가를 팔 때
는 자기 맥락의 자랑만 하기 마련이다.

얼마 전 '토스'라는 앱으로 증권 거래를 하다가 깜짝 놀랐다. 통
상적으론 주식을 매도해도 그 돈은 이틀이 지나야 인출할 수 있
다. 그날도 갑자기 급하게 돈 쓸 곳이 생겨 주식을 팔고 이틀 정도
기다리려 했는데 '지금 즉시 출금하기' 버튼이 눈에 띄었다. '엉?
이게 된다고?' 하며 버튼을 클릭하고 살펴보니 당장 급전이 필요
한 사람들을 위해 토스 앱에서 이틀치의 이자를 받고 대출을 해
주는 구조였다.

한 가지 또 놀라운 건 이틀간의 이자율이 몇 퍼센트라고 알려
주기보단 이자액 자체를 눈에 잘 띄게끔 해놨다는 점이었다. '이

틀간 내실 이자는 500원입니다'라는 식으로 말이다.

생각해 보자. 주식 판매 대금을 곧장 인출하지 못하는 건 수십 년간 이어져온 시스템인데 이 애로사항을 간이 대출로 해소해 줄 수 있다는 아이디어 자체가 얼마나 기특한가. 그에 더해 단기 대출의 이율이 아니라 결국 소비자가 지불하게 될 금액을 보여줬다는 점에선 '아, 이 회사의 고객 대응 철학은 아예 다른 차원이구나!'라 느낄 수밖에 없었다. 이것이 바로 'So, what?'에 대한 대응이다.

기술부터 들이대면 안 되는 이유

신박한 제품을 만든 창업자가 우리 사무실에 상담을 올 때 언제나 말문을 여는 소재는 기술이다. 우리는 소비자의 마음으로 상대의 말을 들으며 앞서의 대화처럼 속으로 'So what?'을 연신 반복한다. '그래서 그게 우리에게 뭐가 좋냐'는 것이다.

앞 대화의 창업자가 그랬듯 우리 영상쟁이들 역시 클라이언트들에게 자주 저지르는 유사한 실수가 있다. 다음 대화에서 소비자 부분의 역할을 맡아 읽어보자.

사다리 : 이 카메라는 다이내믹 레인지가 아주 높습니다.

소비자 : So, what?

사다리 : 빛의 계조를 여러 단계로 표현해서 영상 퀄리티가 높
　　　　 아집니다.

소비자 : So, what?

사다리 : 빛의 강도 차이가 심한 곳에서 찍어도 하이라이트 부
분이 날아가지 않습니다.

소비자 : (슬슬 짜증) So, what?

사다리 : 창가에서 연인의 사진을 찍을 때 창밖의 아름다운 풍
광이 하얗게 날아가지 않고 그대로 찍힙니다.

소비자 : 아아아아아아!

이해하시겠는가. 어떤 설명에 대해서든 소비자가 보이는 반응
은 사실상 궁극적으로 'So, what?', 즉 '그래서 그게 나한테 뭐가
좋냐'는 바로 그 뜻임을.

누군가 어떤 책을 권해도 우리 마음속에는 'So, what?', 새로운
IoT(사물인터넷) 기기를 소개해도 우리 머릿속은 'So, what?', 얼
마 전 다녀온 제주도 서귀포 해안 올레길이 그렇게 좋다고 이야
기해도 역시 우리의 마음속 반응은 'So, what?'이다.

이제 막 사귄 연인의 환심을 사는 데 즉효라는 장점 같은 걸 피
부에 닿도록 전달하기 전까지 그 책, 그 기기, 그 여행지는 아무리
신박해도 나와 상관없는 대상이다. 나로 하여금 지갑을 열게 하
는 건 첫째도 둘째도 셋째도 '나와 그것과의 관계'다. 그런데 우리
는 이런 언어를 구사하는 데 생각보다 너무 서툴다.

창업자의 네 가지 언어

창업자는 네 가지 언어를 가져야 한다. 우선은 '기술의 언어'와 '기능의 언어'. '이 프라이팬은 티타늄 합금으로 만들었다'가 전자, '그래서 눈지 않게 계란 프라이를 할 수 있다'가 후자의 예다. 이 두 가지는 사실 잘들 한다.

다음부터 난이도가 조금 올라간다. '음식이 눈고 타지 않으니 건강을 해치지 않는다'는 설명은 '가치의 언어'다. 이런 말을 들으면 고객 입장에선 프라이팬에 대한 객관적 사실이 '나'라는 존재와 슬슬 연결되기 시작한다.

하지만 최종적으로 고객의 주머니를 여는 것은 '감정의 언어'다. '타지 않은 예쁜 계란 프라이로 그녀의 마음을 사로잡으세요!' 같은 표현 말이다. 여자친구를 위해 아침을 준비하는 모델이 송중기라면 더할 나위가 없겠다.

당신의 제품과 서비스는 어떤 언어로 설명되고 있는가. 그 언어는 소비자의 마음속에서 짜증스럽게 맴도는 'So, what?'이란 질문에 어떻게 직관적으로 간명하게 답할 수 있는가. 토스 앱처럼 이런 것에 철저한 사람들이 갖는 마음가짐을 난 'So, What?' 철학이라 부르고 싶다.

당신에겐 'So, What?' 철학이 있는가?

콘텐츠의 운명

똑같은 사안에 대해서도
설명이 그렇게나 각양각색인 건
그것에 대한 설명과
그것에 대처하는 우리 마음에 대한 설명이
뒤죽박죽 섞여 있기 때문이다.
전자만 하면 지루한 학문이 되고
후자만 하면 사사로운 TMI가 된다.
콘텐츠는 그 둘의 접점 어딘가에 있고,
흥행은 들어줄 사람이 제일 많은 지점에 있다.

격차 해소의 지름길, 콘텐츠

콘텐츠에 대한 정의부터 다시

어느 30대 창업 준비자가 묻는다.

"콘텐츠 마케팅은 해야 하는 건가요?"

내가 되묻는다.

"콘텐츠가 뭔가요? 콘텐츠 마케팅은 또 무슨 뜻이고요?"

허를 찔린 듯 눈만 동그랗게 뜨고 있는 그에게 20분 정도에 걸쳐 설명했다.

콘텐츠는 요즘 사람들이 모조리 입에 달고 사는 단어다. '콘텐츠가 있어야 한다' '콘텐츠 비즈니스를 해야 한다' '콘텐츠 마케팅이 대세'라거나 하면서.

하지만 같은 단어라 해도 그것을 들은 사람들이 상상하는 것은 서로 다르다. 지옥에 대해 사막에 사는 사람들은 불이 활활 타는 곳을, 열대지방에 사는 사람들은 뱀이 끓는 곳을, 그리고 에스키모들은 얼어 죽는 곳을 상상하듯이 말이다.

'콘텐츠 마케팅'이라는 개념을 정확히 이해하려면 콘텐츠의 개념부터 확실히 해야 하는데, 사실 콘텐츠만큼 백인백색으로 규정하고 생각하는 개념도 없을 듯싶다. 하지만 이렇게 설명해 볼 수는 있다. 글이나 말, 영상이 '콘텐츠'란 개념에 들어맞으려면 앎의 격차, 혹은 감흥의 격차를 해소하는 데 성공해야 한다고.

예를 들어 내가 요들송 부르는 데 일가견이 있다고 하자. 그 '일가견' 자체는 콘텐츠가 아니다. 또 그 요령을 책으로 쓴다 해도 요들송의 '요'에도 관심 없는 사람에겐 콘텐츠가 되지 않는다. 그렇다면 '나'라는 요들 장인의 설명은 누구에게 훌륭한 콘텐츠로 작용할까? 바로 '요들레이 요들레이 요들레이 요들레이'를 4연발로 불러 젖히고 싶지만 그게 잘 안 되는, 자기만의 격차를 가진 사람이다. 요들송 부르기에 대한 앎의 격차를 해소시켜주는 수단이 되기 때문이다.

슬픈 노래를 가수 이소라 뺨치게 잘 부르는 사람이 회사 동료 중에 있다고 가정해 보자. 어느 날 회식 후 노래방에 갔는데 그가 노래를 부르는 순간 엊그제 실연한 김 대리가 마음의 위안을 크게 받고 눈물을 흘리며 앙코르를 요청해 그의 노래를 녹화했다면, 그 영상은 '감흥의 격차를 해소'시키는 훌륭한 콘텐츠로 등극하게 된다.

글을 써냈다고, 영상을 찍어 올렸다고 모두 콘텐츠가 되는 건 아니란 뜻이다. 기억하자. 콘텐츠는 상호적이며 사회적인 지식과 감흥의 문제 해결사다.

전문성, 오락성, 시간의 축

사다리필름에서 매달 개최하던 '홍보격차 해소 세미나'에 참석한 한 건강식품 딜러가 물었다.

"저 같은 사람도 콘텐츠를 만들 수 있는 걸까요?"

그 말인즉슨 '콘텐츠라는 건 전문성이 있거나 말재주라도 있는 사람이 만드는 것일 텐데, 둘 다 없는 자기가 무슨 콘텐츠 마케팅을 하겠냐'는 것이었다. 그 질문에 나는 이렇게 답했다.

"고 3 학생들이 공부하는 학교에서 최근 입시 관련 강연회가 열린다고 생각해 보세요. 입시전문가와 작년에 명문대에 입학한 동문 선배 중 어느 쪽을 강연자로 초빙하면 학생들이 귀를 더 쫑긋 세울까요?"

그런 뒤 다음과 같이 덧붙였다.

"전문성으로 말하자면 학교 선배는 입시전문가에게 비교할 수 없겠죠. 하지만 학생들은 가장 최근에 자신들과 비슷한 상황을 경험한 또래의 이야기에 훨씬 더 귀를 기울일 거예요."

콘텐츠의 큰 두 축이 전문성과 오락성인 건 맞다. 하지만 선뜻 콘텐츠의 세계로 나서지 못하는 사람들이 간과하는 세 번째 축이 있다. 바로 시간의 축이다. '최근에 동일한 상황을 겪은 사람(특히 같은 세대)의 이야기'는 전문성과 관계없이 콘텐츠가 된다.

과외 선생님의 대부분이 학생들의 언니·오빠뻘인 게 좋은 예다. 다른 말로 하자면 '시의 근접성'이라고도 할 수 있다. 유튜브에 그토록 많은 언박싱 체험 영상이 올라오는 현상 또한 마찬가지이다. 지름신이 강림해 내가 지금 사고 싶어 잔뜩 갈등 중인 물품을 영상 속 인물이 막 구입해 박스를 열고 보여주니 이것이 '시의 근접성' 그 자체가 아니면 무엇이겠나.

전문성이나 오락성이 딱히 없어도 사람들이 마음속에서 느끼는 앎의 격차 혹은 감흥의 격차를 해소하는 방법은 그만큼 무궁무진하다.

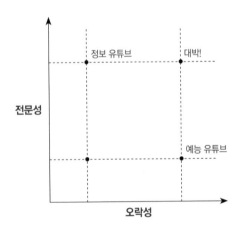

콘텐츠를 이루는 축

마케팅에서 보기 드문 것

여기 A라는 사람이 있다. 조금씩 성장해 나가면서 그는 자신이 잘하는 것을 주위의 사람들에게 보이고 사랑받길 원한다. 또 주위 사람들의 피드백을 자신에게 반영해 좀더 존재감 있는 사람으로 사회에 자리잡고 싶어 한다.

너무 당연한 얘기 아니냐고? 이 당연한 내용의 주인공을 A라는 개인에게서 회사로 바꾼 것이 바로 마케팅이다.

나는 왜 이 제품을 만드는가. 나는 이 제품으로 당신에게 어떤 가치를 창출해 줄 수 있는가. 비록 지금은 완벽하지 않지만 현재 나는 어떤 목표를 위해 달려가는가. 이런 이야기를 기획, 제작, 영업, 홍보, 판매, 사후관리를 통해 고객과 끊임없이 소통하는 것의 총체가 마케팅인 것이다. 그리고 콘텐츠 마케팅은 여기에 콘텐츠가 덧붙여진 걸 지칭한다.

그런데 어떤 마케팅에서든 가장 큰 문제는 '눈에 띄지 않는다'는 점이다. 네이버 쇼핑에서 '팬티'를 검색하면 몇 개가 나오는지 아는가? 500만 개 이상이다.

내가 만드는 팬티의 기원과 관련 기술, 제작 과정과 서비스, 그리고 나의 진정성을 세상에 알리며 소통하고 싶은데 경쟁 제품이 500만 개라면 암담하지 않겠는가?

세상엔 광고도 홍보도 너무 많다. 그래서 진정성 있고 꾸준한 콘텐츠가 힘을 얻는다. 창업해서 제품으로 팬티를 디자인하고 만들었다면 '속옷 잘 입는 법' '속옷은 계절에 따라 달리 입어야 한다' '뒤집어 입은 속옷이 아랫도리 건강에 미치는 영향' 등과 같은 콘텐츠를 꾸준히 만들어 스마트 스토어를 비롯 유튜브 채널에서 소비자에게 노출시키면 어떨까?

이런 콘텐츠가 눈에 띄면 소비자 입장에서 열심히 볼 것 같고, 그 브랜드의 팬티를 안 사볼 이유도 없을 것 같다.

앞에서 슬쩍 언급만 하고 지나간 단어가 있다. 진정성과 꾸준함이다. 최신 마케팅 트렌드에 대해 얘기 중인데 무슨 공자님 말씀 같은 걸 하냐고 할 분도 있을지 모르겠다. 하지만 우습게도 그 마케팅의 바다에서 가장 보기 드문 것이 이 두 가지다. 소비자들이 별 반응을 보이지 않아도 진정성을 갖고 몇 년이고 꾸준히 밀어붙이는 콘텐츠 마케팅은 정말 드물다.

마케팅을 '물건을 단기간에 많이 팔기 위한 요설' 정도로 생각하는 사람이 대다수인 게 그 이유다. 남들의 반응이 있든 없든, 그 어떤 자그마한 격차라도 해소하겠다는 목표로 자신만의 콘텐츠를 올리는 사람도 1퍼센트 미만이다. 바꿔 말하자면 모두가 주식 단타 트레이딩을 하듯 콘텐츠 마케팅을 한다는 뜻이다.

여기서 소름끼치는 마케팅 키워드 하나를 소개한다. 세계적인 마케팅 구루 세스 고딘Seth Godin이 그의 저서 『마케팅이다』에서 한마디로 요약한 마케팅의 핵심은 바로 희소성이다. 사람들은 물건이 없던 세상에서 물건에 환호했고, 광고가 드물던 세상에선 광고에 집중했다.

이제 세상엔 물건도, 광고도, 정보도 소비자가 익사할 정도로 넘쳐난다. 그런 세상에서 지금 이 순간 가장 희소한 것이 있다. 나의 가려운 곳을 긁어줄, 즉 격차를 해소시켜 줄 맞춤 콘텐츠, 그리고 그것을 사명감하에 꾸준히 올려주는 업자다. 단언컨대 지금 세상엔 그런 사람이 많지 않다. 그렇기에 그 소수에 들 수 있다면 소상공인의 성공도 보장된다고 나는 확신한다.

고장 난 에스컬레이터의 법칙

속도의 어긋남에서 발생하는 현기증

보통 건강한 사람들은 에스컬레이터를 타도 현기증을 느끼지 않는다. 움직이기야 하지만 속도가 그리 빠르지 않기 때문이다. 신기한 것은, 에스컬레이터에서 현기증을 느끼는 유일한 경우는 그것이 멈춰 있을 때라는 점.

가끔 고장 등으로 에스컬레이터가 멈춘 상태인 줄 모른 채 그것이 당연히 움직이고 있을 거라 여기며 발을 내디딜 때가 있다. 그럼 대개의 사람들은 즉각적으로 몇 초간 현기증을 느낀다.

우리의 시각과 몸의 근육은 평소 에스컬레이터의 속도에 적응해 있다. 그러니 발을 내디딜 때 신체가 취해야 할 적정 반응을 미리 준비했는데, 기계가 예상과 달리 멈춰 있으니 오히려 역으로 현기증을 느끼는 것이다.

그렇다. 어지러움을 느끼는 것은 상대가 움직이기 때문이 아니라 상대의 움직임이 내 예상과 다르기 때문이다. 그런 현기증을 어제 한 식당에서 느꼈다.

건강상의 이유로 비건으로 살고 있는 나는 어지간하면 고기 많은 식단을 피한다. 하지만 손님들과 함께 식사해야 할 경우엔 어쩔 수 없으니 그저 식물성 반찬만을 축내게 된다.

어제 간 식당에서도 반찬으로 제공되는 불고기를 반려하고 대신 샐러드를 한 번 더 리필해 달라고 주인에게 요청했다. 그런데 주인이 보인 뜻밖의 반응에 어지러움을 느꼈다. "그 정도면 많이 드린 건데……" 하며 못마땅한 얼굴로 뒤돌아 가버린 것이다.

상대가 당연히 평균의 정도로 고객에게 맞춰 응대할 줄 알았던, 그러니까 내 움직임에 자신의 속도를 맞춰줄 것이라 지레짐작했던 나는 순간적으로 현기증이 왔다. '내가 뭘 잘못했지?' 싶어 잠깐 되짚어 생각해 봤지만 딱히 짚이는 건 없었다. 그저 나는 온 세상이 알아준다는 대한민국의 '반찬 리필 문화'를 자동으로 가정하고 움직였는데, 상대는 마치 고장 난 에스컬레이터처럼 미동도 하지 않아 나를 당황시켰다는 사실만 반복해서 확인될 뿐.

사소하다고 할 수도 있는 그 일은 '장사란 무엇이고 기업이란 어떤 존재인가'를 돌아보게 하는 사건으로 각인되었다. 고객의 상정 속도는 기업의 생존에 치명적 영향을 미친다는 이유 때문이다.

사업은 강이다

사업은 저수지가 아니다. 물론 사업하는 사람의 입장에선 계속 물을 받아 몸집을 불려나가는 저수지가 대단히 매력적일 수 있다. 하지만 자산의 증식과 사이즈의 성장은 기업의 성과에 따른 결과이지 기업 자체가 존재하는 방식은 아니다. 배에 축적되는 지방을 두고 인체가 작동하는 방식이라고 생각하는 사람은 없는 것처럼 말이다.

오히려 사업은 물을 흘려보내는 '강'이라고 보는 편이 정확하다. 강은 비가 많이 오면 유속을 높여 물을 빨리 통과시키고, 날이 가물 땐 반대로 천천히 통과시킨다. 몸집을 불려 주변까지 물에 잠기게도 했다가 개울물처럼 극단적으로 그 폭이 좁아지기도 하는 게 강이다.

사업도 이처럼 평소 제 깊이와 넓이를 충분히 갖추고 날씨라는 고객에게 맞춰 유속과 폭을 유연하게 조절해야 한다. 그렇지 못하면 범람해 버리거나 강으로서의 구실을 못 하게 된다.

그렇기에 사업에 대한 저수지론에 사로잡히면 두 가지 큰 문제를 안게 된다. 하나는 날씨가 변하는 속도를 따라잡을 수 없어 고객에게 현기증을 유발시킬 수 있다는 것이고, 다른 하나는 고객의 불만(이라고 쓰고 축복이라고 읽는다)이 쇄도할 때 작업 사이즈를 유동성 있게 조절하지 못해 결국 고객이 떨어져 나가게 한다는 것이다.

리드타임과 선제적 신제품

흔히 사업에 대해 말할 때 '궤도에 오른다' 혹은 '자리를 잡는다'는 표현을 쓴다. 재미있는 것은 그 어떤 사업자도 자기 사업의 현 상황을 '우린 궤도에 안착했다'고 표현하진 않는다는 점이다. 이는 사업의 본질이 늘 '강'이어서 그렇다.

지구가 자전하는 속도는 시속 3,000킬로미터지만 태양을 중심으로 공전하는 속도는 그보다 빠르고, 태양계 자체는 그보다 더 빠른 속도로 은하계 속을 달리고 있다고 한다. 이런 세상에서 개인에게든 기업에게든 '안정'이라는 건 수렵 채집에서 농경으로 넘어온 인간 사회가 만들어준 환상이라고 보는 편이 타당하다. 500년이 지나도 별다를 것 없었던 시대가 아닌, 모든 것이 눈 돌아갈 정도로 빨리 변하는 지금의 세상에선 더욱더 그렇다.

매출이 두 배쯤 늘어나면 안정적으로 사업을 영위할 수 있을 것 같은가. 매출이 두 배쯤 되는 회사 운영자를 만나서 물어보면 그 답이 곧바로 나온다. 삼성전자도 불안해하고 있다. 굳이 총수와 인터뷰를 갖지 않아도 이건 명약관화한 사실이다.

사업의 본질은 안정이 아닌 영원한 변화이고, 그 변화의 기준은 세상이 그 사업에 바라는 속도다. 쇼핑몰을 찾은 사람들이 '에스컬레이터는 언제나 일정 속도로 움직이고 있다'고 자동으로 상정하듯, 사실상 고객은 '기업은 언제나 움직이고 있다'고 무의식적으로 기대한다.

그 움직임은 구체적으로 두 가지, 바로 리드타임과 선제적 신제품으로 구성된다. 리드타임은 고객이 요청한 뒤부터 그 니드가 충족될 때까지 걸리는 시간을 뜻한다. 식당에서 주문하면 음식이 나오기까지 걸리는 시간이 그 예다. 선제적 신제품의 개념도 이 와 비슷한데, 시장에서 새로운 니드가 발생하면 그것을 선제적으 로 읽어 신제품 혹은 개선품을 내놓는 시간을 의미한다.

지금 좋은 시절을 만나 아무리 잘나가는 회사나 업계라 해도 몇 년 뒤를 대비하며 꾸준히 움직이고 있지 않으면 고객들을 잃는 건 시간 문제다. 갈수록 빨라지는 고객과 시장이 상정한 속도를 마음 에 늘 두고 있지 않으면, 다시 말해 그들의 니드를 재빨리 파악하 고 대응하며 수요를 미리 읽지 않으면 안 된다. 그 수요에 맞는 새 로운 개념의 제품과 서비스를 선제적으로 내놓거나, 자동차 회사 들이 '자동차 제조'란 본래의 업을 '모든 것의 이동'으로 새롭게 정의하듯 자기 회사의 업을 재정의하고 그에 맞는 변신을 꾀하는 기업들만이 살아남을 수 있다.

시대의 변화와 경쟁하며 살아가야 하는 개인은 물론 당신이 운 영하는 지금 그 회사는 저수지가 아니다. 저수지라고 스스로 여 기는 순간 당신을 기다리는 것은 현기증을 유발하는 고장 난 에 스컬레이터의 운명뿐임을 기억해야 한다.

우리가 위험에 처하는 이유

알고 있음을 알면 영리한 것이고,
알고 있음을 모르면 답답한 것이며,
모르고 있음을 알면 현명한 것이고,
모르고 있음을 모르면 위험한 것이다.
결국 모든 지식은 모름을 알고자 하는
인간의 몸부림이다.

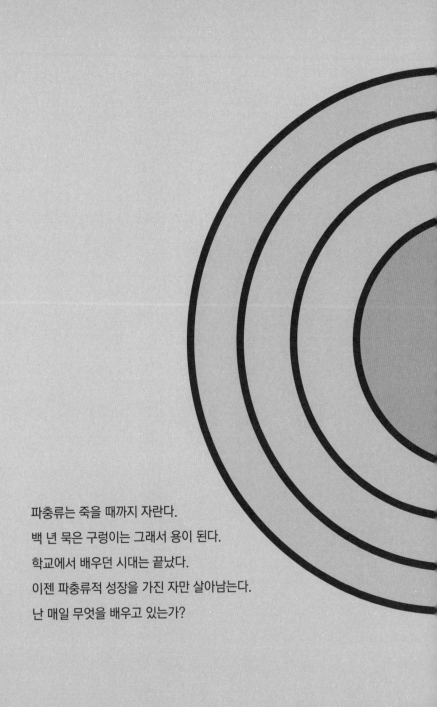

파충류는 죽을 때까지 자란다.

백 년 묵은 구렁이는 그래서 용이 된다.

학교에서 배우던 시대는 끝났다.

이젠 파충류적 성장을 가진 자만 살아남는다.

난 매일 무엇을 배우고 있는가?

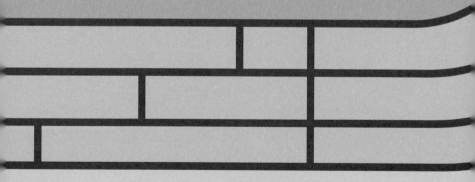

6장

당신의 사업 미래가
있는 곳

고객 경험의 정체

경험에 대한 오해

요즘 '고객 경험이 중요하다' '고객 경험을 설계하는 부서가 있다' 하는 말을 자주 듣는다. 하지만 대개의 사람들은 고객 경험을 그저 '매장에 들어오는 손님이 친절을 경험하게끔 해주는 것' 정도로 오해하고 있다.

그런데 고객 경험은 뜻밖에도 나의 친절에 달려 있는 것이 아니다. '고객 경험'에서 고객을 떼어내고 경험만 놓고 보면 이 점이 명확해진다.

몇 년 전 어느 반도체 회사에서 영상제작 의뢰가 들어왔다. 반도체 설계 엔지니어들이 모이는 대회에서 상영할 영상인데, 담당자는 '특수한 직업을 가진 우리만의 애환이 녹아든 공감적 내용의 영상'을 만들고 싶다고 했다.

그런데 첫 만남 자리에서 우리는 그 담당자 안에 있는, 뭔가 다른 강렬한 열망을 느꼈다. 우선 그가 자신이 직접 쓴 시나리오를 들고 왔다는 사실부터 범상치 않았다. 자신들의 기획 의도만 명확히 알려줄 뿐 그것을 어떻게 극화할지는 영상제작사에게 맡기는 대개의 클라이언트와 확실히 다른 점이었으니까. 더불어 빽빽이 적힌 시나리오를 내밀며 수줍게 "제가 이런 걸 처음 해봐서……" 혹은 "엉망이지만 일단 써보긴 했는데……"라 하는 그의 말에선 작가를 향한 강한 의지가 느껴졌다.

대기업의 영상제작 의뢰 담당자가 업체 선정이나 잘하면 되지, 따로 수당이 나오는 것도 아닐 텐데 왜 자기가 직접 시나리오까지 써서 가져온 것일까. 그건 불타는 창작욕을 가진 사람이 아니면 불가능한 일이었다. 우리는 그에게 있어 '고객 경험'이란 곧 그 자신이 창작물의 작가가 되는 것, 그리고 그가 쓴 시나리오가 영상으로 나올 때까지의 모든 과정을 직접 체험하고 목도하는 것이라는 데 생각이 미쳤다. 그 순간부터 우리는 '팀장님'이나 '매니저님'이 아닌 다른 호칭으로 그를 부르기로 했다.

김 작가님, 환영합니다!

우리 회사의 회의실에는 작은 환영칠판이 있다. 미팅이 잡히면 우리는 그날 올 분들의 이름과 환영 메시지를 칠판에 써 넣는다.

'김○○ 대표님, 사다리필름에 오신 것을 환영합니다!'라는 식으로 말이다. 하지만 그 반도체 회사의 영상제작 의뢰 담당자가 두 번째로 회사를 방문하는 날, 우리는 이런 메시지를 써두었다. '김○○ 작가님, 환영합니다!'

그의 반응이 어땠을까. 시쳇말로 그의 광대뼈가 하늘로 승천했고, 그 상태는 우리가 엘리베이터 앞에서 그를 환송할 때까지 이어졌다. 영상제작과 납품이 끝날 때까지 그는 우리의 고객이라기보다는 친구가 되어 매 순간을 함께했다. 또한 이후 타 부서와 타 자회사에 소개를 계속해 준 덕에 2년이 더 지난 지금까지도 그 그룹사로부터 주문이 끊이지 않고 있다. 이렇게 좋은 선순환이 이어진 것은 전적으로 그가 '자신이 참여하는 경험'을 한 덕분이다.

모르는 도시에 차를 타고 처음 가볼 때, 그 길을 조수석에 앉아 경험하는 것과 자신이 운전하며 돌아보는 것은 다를 수밖에 없다. 노래방에 가서 가수 뺨치는 친구의 노래를 듣기만 한 사람과 음치가 됐든 박치가 됐든 자기가 직접 노래를 한 사람 중 누가 그날의 경험을 더 오래 기억할까.

아마 우리 중 거의 대부분은 그 노래방에서 자기가 어떤 노래를 하다가 어디서 음이탈을 했는진 기억해도, 누가 무슨 노래를 불렀는지는 잘 떠올리지 못할 것이다.

경험은 보고 들은 것일 때보다 하는 것일 때 기억에 남을 확률이 몇 배수로 증폭된다. 침대는 과학이 아닐지 몰라도 이것만은 분명한 과학이다.

받은 경험이 아닌 자기경험이 되게 해라

심리학자 손다이크가 진행한 고양이 실험을 살펴보자. 실험실에 미니어처로 미로를 만들고 자동 이동장치를 만들어 고양이를 거기에 태운다. 영문을 모르고 이동장치에 놓인 고양이는 눈을 동그랗게 뜬 채 이 미로를 끝까지 이동한(된)다. 이 고양이를 이동장치에서 내려준 뒤 다시 미로에 풀어주면 길을 찾아갈까.

이번에는 다른 고양이를 미로에 그냥 풀어놓는다. 그리고 끝까지 길을 찾게 한다. 이어 다시 미로에 들여보내면 이 고양이는 길을 찾아낼까.

답은 예상대로다. 누군가 나를 '태워준' 여정은 기억나지 않지만, '스스로 찾아간' 행로의 체험은 하나하나가 뼈마디에 새겨진다. '최고의 공부는 자신이 직접 가르쳐보는 것'이라는 원리와 다르지 않다.

친절한 서비스가 안겨준 큰 감동은 그보다 더 친절한 서비스와 더 큰 감동을 경험하면 잊히기 마련이다. 하지만 자신이 직접 경험한 것은 비교의 대상이 아닌 유일한 경험이기에 절대로 잊히지 않는다. 남의 결혼식 장면들은 이내 잊어버리지만 자기 결혼식 장면을 잊어버리는 사람은 없듯이.

"하지만 '다 알아서 하라'고 하면 고객이 귀찮아하지 않을까?"란 의문이 들지 모른다. 물론 하나부터 열까지 모두 고객에게 알아서 하게 만들라는 뜻은 아니다. 그건 서비스라고도 할 수 없으니까. 다만 거의 모든 것을 제공해 주면서도 '마치 고객이 스스로 그걸 해낸 것처럼' 느끼게 하라는 의미다.

비유를 하자면 '답을 생각해 내라'는 식이 아니라 여러 옵션을 주고 그중에서 고르라고 하는 것과 같다. 쉽게 고를 수 있게끔 선택지를 좁혀주되 그런 선택이 물 흐르듯 이어지게 해야 한다. 마치 자기가 먹을 것을 스스로 만들고, 자기가 입을 옷을 직접 디자인한다고 느끼게끔 설계하라는 것이 요점이다.

사다리필름에서 클라이언트와 일을 할 때는 (다소 불필요하다고 느껴지더라도) 기획, 촬영, 편집에 이르는 전체 제작 과정 중 열한 단계에서 클라이언트의 컨펌을 거치도록 매뉴얼이 정해져 있다. 우리는 그저 '컨펌'이라 표현하지만 고객에게는 그때가 곧 '선택'의

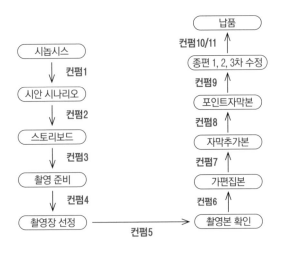

고객 경험의 정체

순간이다.

예를 들어 촬영 현장에서도 우리는 반드시 큰 모니터를 마련해 촬영 장면과 촬영 원본을 고객이 눈으로 보고 선택, 결정하게 한다. 고객을 작품이란 결과물에 참여시키는 것이다. 이렇게 하면 고객의 경험은 배가되고, 결과물에 대한 제작사의 책임은 반감된다. 영상은 사다리필름이 만들었지만 고객 입장에선 자신이 실제 PD, 혹은 작가라 느끼는 것이다.

손에 쥘 수 있는 제품이든 눈에 보이지 않는 서비스든 고객 경험은 드러누워 받는 것에서 오는 것이 아니라 스스로 하는 것(한다고 느끼게 하는 것)에서 온다는 사실을 잊으면 안 된다. 이것이 고객 경험 창출의 기본 룰이다.

정교한 개인 맞춤을 향하여

지각동사의 목적보어는 원형부정사

위의 소제를 읽어보자. '지각'은 알겠고, '동사'도 알겠고, '목적'은 쉽고, '보어'는 아리송하지만 '원형'은 이해가 가고, '부정사'는 가물가물한가? 다 합쳐서 묶어놓으니 뭔가 학창 시절의 아련함과 더불어 예쁘게 삶은 고구마 같은 답답함이 느껴지는가?

위 말은 영어 문장의 구조 중 하나를 표현한 것이다. 사실 저 구조에 들어맞는 실제 문장은 'I see him talk.(난 그가 말하는 걸 본다)'와 같이 매우 간단한 것들이다. 그럼에도 이런 말들은 영어 못하는 사람이라면 기죽게 하고, 반대로 어학 깨나 한다는 사람이라면 척척 설명하며 잘난 척하고 싶게 한다. 전문용어의 나열이기 때문이다. 이런 종류의 전문용어들이 갖는 세 가지 진실이 있다.

① 아주 많이 들어봐서 익숙하고(익숙하지만)

② 실제론 뜻을 정확히 몰라 답답하고(답답하지만)

③ 알고 보면 그 본질은 매우 심플하다

그렇다면 요즘 우리가 듣고 있는 기술적 용어들은 어떤가. 디지털 트랜스포메이션, 4차 산업혁명, 메타버스, AI, 플랫폼 비즈니스, 유전자 가위, 양자 컴퓨팅…… 뭔가 익숙하고 알 듯하지만 누가 나서서 뜻을 아냐고 물어본다면 딱히 잘라 말할 수 없는 용어들이다. 그래서 다들 눈을 크게 뜨고 귀는 쫑긋 세운 채 세상이 어디로 굴러가는지 긴장하며 살피게 만드는 용어들이기도 하고.

그런데 앞서의 뜬금없는 영문법 용어들처럼 이 거대하고도 방대한 변화의 용어들 또한 결국은 모두 합쳐져 하나의 바다로 흐른다면 어떨까? 그 바다에 대해서만 우리가 알고 있다면 저 모든 것을 공부할 필요도, 새로운 기술이 나올 때마다 화들짝 놀랄 필요도 없는 게 아닐까.

『내가 정말 알아야 할 모든 것은 유치원에서 배웠다』라는 책의 제목처럼, 사실 우리에게 필요한 건 새로운 것들이 아니다. 다만 기술의 미비로 그것을 채워주지 못했을 뿐이다. 너울대는 신기술의 물길 속에서도 우리 창업자들이 '결국 이 모든 물길은 그곳으로 간다'라는 확고한 지식이 있다면 조금 편히 잠들고, 조금 상쾌하게 깨어 조금 더 자신 있게 하루에 임할 수 있지 않을까.

고객 집착 기업, 세포라

우리나라로 치면 '올리브영'이나 '랄라블라' 정도에 해당하는 세계적인 화장품 건강 소매업체가 있다. 바로 '세포라Sephora'인데 이 회사는 IT 기술을 고객 응대에 접목해 성공을 거두었다.

지나가는 고객을 감지해 세포라 매장의 존재를 알리고, 거울에 고객이 얼굴을 비추면 피부색에 맞는 립스틱을 가상으로 보여준다. 또 직원과의 상담을 원하는 고객과 혼자 쇼핑하고 싶은 고객에게 각각 다른 색의 바구니를 들게 함으로써 불필요한 쇼핑 간섭을 최소화하고, 온라인에 뷰티 컨설팅 콘텐츠를 풀어 동호회를 활성화한다. 혹 지금 읽은 서비스들이 익숙하다 느낀다면 그건 유사업종에서 이미 많이 따라 했기 때문일 것이다.

세포라뿐 아니라 최근 기업들이 거둔 혁신은 모두 '고객 집착'이라 할 정도로 고객의 니드에 과도할 만큼 집중한 결과물이다. 그렇게 한 기업들만 성공가도를 달리고 있다는 사실, 또 지금 이 시간에도 많은 기업들이 그 뒤를 좇고 있다는 사실은 무엇을 말해주는 걸까.

기술은 그 혼자만으론 아무 의미를 갖지 못한다. 반도체 사업을 먼저 시작한 일본 기업들이 삼성에게 완패한 현상을 어느 학자는 이렇게 간파했다. "일본은 만든 것을 팔려 했고, 한국은 팔리는 것을 만들었다." 오늘날 어지러운 기술 용어의 물결 속에서 동서남북을 분간 못해 헤매는 우리 창업자들에게 이 통찰이 던지는 첫 번째 메시지는 '모든 기술은 목적을 가진다'는 것이다.

컴퓨터는 원래 장애인을 위해 창안된 발명품이었다. 신체 활동이 불편한 이들에게 조금이라도 도움을 주려고 만든 의료보조 기기였던 것이다. 그런 컴퓨터가 장애인이 아닌 인간의 부족함을 채워주는 보편의 기기로 변해오면서 우리의 생활을 완전히 뒤바꿔놓았다.

그와 마찬가지로 작금의 신기술들 또한 그 시작은 미약하였으나 그 끝은 창대한 그 어느 바다를 향하고 있는데, 그 바다가 어디인지를 세포라의 예가 웅변적으로 가리키고 있다는 게 내 생각이다.

그 바다의 이름은 '궁극의 개인 맞춤ultimate customization'이다. 소상공인들은 어쩌면 항공모함 같은 대기업들 사이에 끼인 가랑잎 배를 타고 있는 것일 수 있다. 그러나 나는 믿는다. 우리는 그들과 같은 물길을 타고 있으며, 큰 배와 작은 배의 운명을 공통으로 결정하는 것이 '궁극의 개인 맞춤'이란 키워드임을 알고 나면 미래로 향하는 출구를 찾은 셈이나 마찬가지라는 걸.

지금의 기술이기에 가능한 일

'골목 상인들은 손님의 비위를 맞춰주는 수완이 좋아 잘 먹고 산다'는 이야기는 오래전부터 있었다. 하지만 이 말은 지금 시대에도 매우 중요하다. 고객에게 맞춰주는 수준은 이제 궁극에 이르렀다 할 정도로 정교해졌고, 인류 역사상 처음으로 그런 일을 가능케 해주는 것이 바로 지금의 기술이기 때문이다.

고객 맞춤의 개념은 시간의 흐름에 따라 점차 발전해 왔다. 처음의 초점은 '고객의 현재', 즉 그 개인의 역사가 만들어놓은 현재의 그 사람과 취향에 맞춰졌다. 어디에 사는 몇 살의 누구이며, 수입은 어느 정도이고, 이러저러한 걸 좋아한다는 정도의 사실에.

그러다 좀더 많은 데이터 처리가 가능해지면서 초점도 '고객의 목표', 다시 말해 그가 지향하는 바와 그것이 만들어내는 가치 등으로 옮겨갔다. '그는 기업 윤리를 중시하기 때문에 바른 경영을 하는 A 회사의 제품을 선택한다'와 같은 사실들을 파악해서 대응하게 된 것이다.

그다음으론 '고객의 수준', 그러니까 어떤 상품/서비스를 소비하는 사람이 있다면 그것과 관련된 그의 지식이나 숙련도는 어떠한지를 알아내 분석하는 것도 가능해졌다. 가령 자동차 운전자라면 그가 운전만 하는 수준의 소비자인지, 아니면 전문가급의 자동차 관련 지식까지 갖고 있는 소비자인지를 알 수 있게 된 것이다.

더불어 시간적 축을 활용한 '고객의 시기', 즉 그 사람은 청소년기·청년기·출산이나 육아기·중년기·노년기 등의 생애주기 가운데 어디를 통과하고 있는지, 또 생활주기(하루 중 어느 시점에 빵을 먹을 가능성이 높은가 등)는 어떤지에 대해서도 분석하기에 이르렀다.

지금의 세상은 이상과 같은 '궁극의 4점식 고객 맞춤'을 향해 달려가는 중이다. 또한 신기술의 대부분은 이를 가능케 하는 데 초점을 맞추고 있다. 그렇기에 적어도 비즈니스 면에서 봤을 때 이 시대는 '궁극의 고객 맞춤'이란 운명의 바다로 향하는 중이라

할 수 있다. 여기서 한 가지 질문이 생겨난다. 그럼 이 바다에서 우리는 어떻게 해야 살아남을 수 있을까?

AI를 논하든 메타버스를 논하든, 우리의 관심은 '남들이 하니까 나도'에 머무르면 안 된다. 다른 사람들이 뭔가를 하면 불안한 마음에 '그럼 나도 해볼까' 하며 따라갔다가 상투를 잡고 결국엔 망해버리는 '불안-패닉-묻지마 추종-멸망' 패러다임. 지금까지 한국의 소상공은 이 패러다임에 충분히 지배당해 왔으니 이제 우리는 여기에서 기필코 벗어나야 한다. 그러려면 확고한 줏대가 필요하다. 그리고 줏대를 가지려면 믿음이 있어야 하고, 믿음을 위해선 지식을 가져야 한다.

많은 지식 중 지금 이 나라의 소상공 동료들이 반드시 알아야 하는 한 가지가 있다. 자신이 가진 모든 기술을 총동원해 앞서 설명한 4점식 고객 맞춤을 궁극적으로 실현해야 미래가 있다는 사실이다. 사다리필름 역시 '궁극의 고객 맞춤'이란 바다를 향해 오늘도 모든 자원을 동원해 항해하고 있다.

단열단상

거상, 잡상, 그리고 귀상

많이 팔면 거상巨商
속여 팔면 잡상雜商
뜻을 팔면 귀상貴商
나를 말해 주는 건
아이템이 아니라 그걸 파는 나의 태도다.

비즈니스의 감염 재생산 지수

홍보만 되면 대박은 시간 문제?

사업하는 사람들에게 "물건이 왜 안 팔리나요?"라고 물으면 십 중팔구는 "홍보가 안 되어서요"라고 대답한다. 그 덕에 우리 같은 영상업자들이 먹고사는 거긴 하다. 그러나 내 밥줄의 안위와 무 관한 돌직구를 던지자면, '착각도 그런 착각이 없다'고 말씀드리 고 싶다. 홍보를 해서 잘 팔릴 상품은 그냥 내버려둬도 잘 팔린다.

100미터쯤 달려왔고 현재 경쟁자보다 1미터쯤 앞서 있는 차가 있다고 치자. 이 차가 계속해서 달릴 수 있게끔 기름을 넣어주면 100킬로미터 지점을 지날 땐 경쟁자보다 10킬로미터 앞서 있을 것이다. 하지만 반대의 경우라면 기름을 아무리 넣어줘도 나중엔 10킬로미터 뒤처지고 만다.

이 차이가 사업의 성패를 결정한다. 기름은 '홍보'를, 처음부터 약간이라도 앞서 나간 그 경쟁력은 '감염 재생산 지수'를 뜻한다고 보면 된다. 끔찍한 코로나19 관련 전문용어 맞다.

코로나19에 걸린 한 사람이 다른 한 명에게만 병을 전염시킨다면 감염 재생산 지수는 1.0이고, 따라서 전체 확진자 수는 평행선을 긋게 된다. 그런데 지수가 0.9만 되어도 전체 확진자 수는 완만히 떨어지다가 결국은 0에 수렴할 것이다. 반대로 1.1이라면 확진자 증가는 그저 시간 문제일 뿐이다.

사업에서도 마찬가지다. 내 물건을 한 번 구매한 손님이 다시금 나를 찾을 확률, 그리고 주위 사람들에게 내 물건과 나를 권하며 전도할 확률. 이 둘을 더한 것이 비즈니스의 감염 재생산 지수고, 이것이 1.1 이상인 사업은 번창할 수밖에 없다.

말이 잘 달려서 채찍질할 뿐

상품은 너무 좋은데 알려지지 않아서 안 팔린다는 건 앞뒤가 안 맞는 말이다. 상품이 너무 좋으면 알려지기 마련이다. 거북이 걸음의 속도라도 고객이 끊이지 않고 꾸준히 증가하는 건 마치 저축에 복리이자가 붙는 것과 같다.

1.0을 초과하는 감염 재생산 지수의 잠재력은 무시무시하다. 워런 버핏의 연간 수익률이 25퍼센트에 불과하다는 사실을 아는가. 그리 높아 보이지 않지만 그가 뛰어난 투자가인 이유는 그 25퍼

센트의 수익률을 지난 25년간 꾸준히 기록해 왔다는 데 있다. 감염 재생산 지수로 말하자면 워렌 버핏은 1.25인 셈이다.

당신의 매장 혹은 회사 매출이 작년보다 25퍼센트 성장했다 치자. 당신은 어떤 생각이 들까? '애걔…… 작년보다 고작 25퍼센트 늘어나는 데 그쳤다고? 이러면 언제 집 사고, 언제 상장하고, 언제 갑부가 되나' 싶을까? 그래서 홍보에 거금을 쏟아부으면 매출도 금세 수직상승할 것 같은가?

그렇다면 당신은 좀 모자란 사람일지도 모른다. 25퍼센트 성장, 그걸 25년만 지속한다면 당신은 워런 버핏이고, 애플이고, 삼성일 텐데 말이다.

홍보는 주마가편走馬加鞭이다. 잘 달리고 있는 말에 하는 채찍질일 뿐이지, 당나귀 엉덩이를 100만 달러짜리 몽둥이로 때린다고 경마에서 우승하는 게 아니란 뜻이다.

안 팔릴 물건을 들고 돈을 바리바리 싸서 사다리필름에 오는 분들에게 우리는 좀 솔직히 말하는 편이다(물론 대안도 제시한다). 돈 들이지 말라고, 광고비로 쓸 몇 천만 원으로 SNS 활동을 꾸준히 하는 게 낫다고, 소수의 팬을 확보하라고, 지금 들고 온 상품과 귀하의 회사에 대해 떠들어줄 사람들의 지수(즉, 감염 재생산 지수)를 1.0 이상으로 높이라고.

사업 성패의 DNA, 감염 재생산 지수

이 시대를 바야흐로 '광고 무용無用의 시대'라 보는 것이 대세다. "무슨 소립니까. 그 잘나가는 구글도 테슬라도 광고하잖아요?"라 항변하고 싶은 마음이라면 다시 한 번 도돌이표로 강조해 본다. 그건 말이 잘 달려서 돈을 쓴 것이지, 돈을 써서 말이 잘 달린 게 아니라고.

새로 생긴 식당을 가본 사람들은 넷 중 하나의 결론을 마음에 새기고 그곳을 나서기 마련이다. '오, 여기 좋네. 친한 사람들을 꼭 데리고 다시 와야겠어!'는 감염 재생산 지수 1.0 이상이다. '뭐, 괜찮은 곳이네. 다시 올 수도 있겠어'는 1.0 정도, '나쁘진 않았지만 굳이 다시 오진 않을 것 같아'는 1.0 이하다. 마지막으로 '내가 여기 다시 오나 봐라!'는 감염 재생산 지수 0.0 이하의 마이너스다. 이런 이들은 그 식당에 가보겠다는 다른 사람을 말리고, 관련 게시판에 악평을 남기기도 한다.

지금 당신이 막 창업을 해서 100명 정도의 손님이 거쳐 갔다고 가정해 보자. 그 사람들 모두 당신 매장에 대한 맘속 설문에 나름의 답을 내린 상태임을 떠올리면 어떤 맘이 드는가? 또 그들이 갖는(그러나 겉으로 드러나진 않는) 재생산 지수의 평균치에 따라 당신 매장은 이미 미래 갑부의 길 혹은 망하고 빚지는 길로 들어선 상태임을 떠올리면? 당연히 떨리고 소름이 끼쳐야 정상이다. 상황이 이럴진대 대부분은 홍보 타령을 하고 있다.

1.2가 됐든 2.0이 됐든, 한 번 방문했던 고객을 다시 오게끔 하

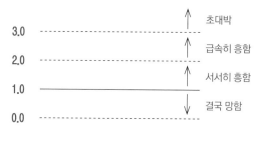

3.0	↑	초대박
2.0	↑	급속히 흥함
1.0	↑	서서히 흥함
0.0	↓	결국 망함

비즈니스 감염 재상산 지수

는 재생산 지수가 오랜 기간(사업 분야마다 다르겠지만 사다리필름의 경우 대략 4년쯤 걸린 듯하다) 지속되는 회사엔 큰 무기가 생긴다. '저 회사는 기복이 없고 상품 품질도 꾸준히 좋게 유지한다'고 사람들이 자연스럽게 믿기 시작한다는 의미이다. 그리고 그 믿음은 '저 회사는 이러이러한 정도의 일이라면 이러이러한 품질로 확실히 해내는 곳'이라는 신뢰로 이어진다. 이게 흔히들 말하는 바로 브랜딩이다.

영상 하나 멋지게 만들어 홈페이지에 걸었으니 브랜딩한 거라고 생각하는 사람이라면 장사의 ABC를 새로 배우는 편이 좋겠다. 오늘 우리 매장이나 회사에서 가격을 치르고 돌아설 고객들한 명 한 명의 마음에 '드르륵 땅~' 하며 어떤 숫자가 올라올지에 목숨을 걸어야 한다. 그것이 내 제품과 서비스의 성패를 좌우할 단순하고도 단순한 DNA, 고객의 '감염 재생산 지수'니까.

성공한 아이디어를 위해
넘어야 할 것들

선수들이 뚫는 다섯 가지 난관

회의를 하다 보면 천재적인 사람들이 가끔 보인다. 기발한 아이디어를 기가 막히게 잘 짜내서 뚝딱 내놓는 이들이다. 그런데 그중엔 뭔지 모르게 미스터리한 구석을 가진 이도 있다. 그렇게나 아이디어가 좋은데 자꾸 회사를 옮기는 사람이다.

게다가 그런 이들이 내놓는 아이디어는 사실 최종 선택을 받는 경우가 많지 않고, 그들이 그 아이디어로 독립해서 회사를 차려도 결국 잘되지 않는 경우가 허다하다. 그래서인지 그들은 "세상은 내 아이디어를 알아줄 준비가 되어 있지 않다"고 자주 말한다. 자기는 천재인데 세상은 바보라는 인식이다. 그리고 그런 이들은 그렇게 살다가 그렇게 사라진다. 왜일까?

오늘 슛을 성공시킨 스타 선수가 있다고 하자. 그는 일단 수비수라는 난관을 뚫었다. 관중에겐 그것만 보일 것이다. 하지만 팀 내에는 그를 견제하는 다른 선수들이 있다. 감독의 선택을 받으려 최선을 다하는 건 선수가 해야 하는 일이지만, 경쟁자인 다른 선수들은 경기 도중 이 선수에게 좀처럼 패스하지 않는다. 그가 공功을 세우는 건 자신들에게 해롭기 때문이다. 그렇다. 오늘 그가 뚫은 난관으로는 상대팀 선수들뿐 아니라 자기 팀의 선수들도 있었다.

그런데 이 선수에겐 아무도 모르는 다른 난관이 있다. 바로 그의 어머니다. 스타덤에 올라 벌어들인 돈 수십 억 원을 어머니가 도박으로 다 날린 탓에 그의 집안은 풍비박산 직전이다. 젊은 그는 그런 정신적 고통 속에서도 득점에 선공한 것이다.

외우내환도 급이 다른 그에겐 두 가지 문제가 더 있었다. 하나는 온갖 이유로 그에게 비판적인 보도를 쏟아내 그를 국가대표팀에서 탈락하게 하려는 특정 언론, 다른 하나는 그에게서 돈을 뜯어내려 혈안이 되어 있는 같은 고향 출신 조폭의 협박이다. 이 모든 건 내가 어떤 선수에 대해 들은 실화다.

이 선수가 그토록 다양한 난관에게 둘러싸여 있음에도 슛을 성공시켜 득점한 것처럼, '아이디어'라는 성공적 골을 탄생시키는 과정도 우리 눈에 보이지 않는 적들에게 겹겹이 둘러싸여 있다.

다음은 당신의 아이디어를 성공한 아이디어로 만들기 위해 당신이 뚫어야 할 다섯 가지 난관이다.

난관① 돈

영상에 관한 아이디어를 내라고 하면 영화 한 편에 4,000억 원의 제작비를 들인다는 디즈니 작품 같은 것을 예로 드는 사람들이 많다. 현실을 전혀 모르는 이들이다.

"좋은 영상이 나올 때까지 여러 번 출장 가서 촬영하면 되지 않느냐"고 하는 사람들은 때깔 좋은 영상을 하루 찍는 데 최소한 1,000만 원 이상이 든다는 사실을 전혀 알지 못한다. 그런 이들에게 "진짜 아이디어란 예산 내에서 실행할 수 있는 아이디어입니다"라 하면 "그럼 아무것도 할 수 없습니다"라는 답이 돌아오기 십상이다. 그런 사람들이 아무것도 못하는 이유가 그것이다.

전문가는 돈을 뚫고 일한다. 아니, 해낸다. 세상에서 성공한 아이디어 중 돈을 뚫고 나오지 못한 것은 없다. 첫 번째 관문을 뚫고 나오는 데 실패한 아이디어들, 그것들은 지금도 수면 아래 어딘가에서 자신에게 돈을 투자해 주기만을 기다리며 시간을 죽이고 있을 것이다.

난관② 시간

"예산과 시간만 주면 나도 저 정도는 할 수 있다"는 것만큼 하나마나 한 말이 있을까. 김연아 선수가 위대한 것은 돈도 아이스링크도 충분치 않은 한국에서 세계적 선수가 되었기 때문이고, 독서광들이 대단한 것은 열심히 자기 생업을 하면서도 짬날 때마다 책을 가까이해 연간 100권 이상을 읽기 때문이다.

들으면 "와우!"라는 감탄사가 절로 나오는 아이디어임에도 결국 실현되어 세상으로 나오지 않는 건 '몇 명이 얼마나 시간을 투자해야 그걸 해낼 수 있을까'에 대한 냉정한 계산이 이뤄지지 않기 때문이다. 혹은 '열정만 쏟아부으면 된다'는 핑계로 애써 그 계산을 무시하려 하기 때문일 수도 있다(이런 걸 '무모하다'고 한다). 부산에서의 약속 시간까지 고작 한 시간 남았을 뿐인데 서울에서 차로 가겠다며 고속도로를 타는 꼴이다.

그럼에도 성공시킬 수 있다면 그건 '진짜 아이디어'다. 시간을 뚫어야 진짜다.

난관③ 시장

누군가 청국장 파스타를 만들었다고 하자. 친구들이 먹어보더니 말한다. "야, 이거 장사해도 되겠다!" 가족들의 반응도 비슷하다. "우리 집안 사람들이 요리솜씨는 정말 셰프급이야!"

용기백배한 당신은 청국장 파스타의 사진을 찍어 인스타그램에 올렸는데 반응이 폭발적이다. 한 걸음 더 나아가 팝업스토어를 열었더니 사람들이 줄을 섰다. 그래서 집 팔아 공장까지 세웠는데 결국 망했다면? 당신은 새로운 것에 대한 열광에 속은 것이다.

시장엔 금사빠(금세 사랑에 빠지는 사람)들이 진을 치고 있다가 새로운 것이 나오면 열광한다. 그리고 그뿐이다. 클럽에서 내게 열정적으로 잘해준 상대한테 일생을 맡기겠는가. 하룻밤이 환상적이었다면 그 후로 적어도 1년은 보면서 일도 시켜보고, 술도 먹여보고, 애도 먹여봐야 그 사람을 제대로 알 수 있지 않겠는가. 이런 과정을 다 거치며 시장을 뚫을 수 있어야 진짜 아이디어다.

난관④ 경쟁

사업하는 사람들이면 다들 초기에는 자기 사업을 자신 있어 한다. 아이디어도 기가 막힌데 가격까지 후려쳐서 시장에 들어가면 되기 때문이다. 소위 '신상빨'로 그렇게 밀어붙이면 잘되어가는 듯싶지만 1~2년 사이 스물스물 힘이 빠진다. 이유는 간단하다. 남들도 나처럼 하기 때문이다.

스몰 비즈니스에서는 가격으로 승부하는 것이 답이라 생각한다면 착각도 그런 착각이 없다. 저가격 판매로 버틸 수 있는 자는 언제나 '돈 있는 자'이기 때문이다. 기술적 깊이나 수년간 쌓인 노하우 등 남들이 바로 따라잡는 게 불가능한 핵심 역량, 그게 없는 '반짝 아이디어'는 결국 잊힌다. 내일이면 또다른 '반짝 아이디어'가 쏟아져 나오는 탓이다. 십수 년간 요리 노하우를 쌓은 셰프 한 명 없는 식당이 2년 이상 버티는 걸 본 적 있나. 경쟁까지 뚫고 나오는 아이디어는 남들이 카피할 수 없는 아이디어다. 진짜만이 결국 살아남는 이유다.

난관⑤ 무명

돈, 시간, 시장, 그리고 경쟁까지도 모두 뚫을 수 있는 진정한 아이디어가 당신에게 있다고 해도 아직 뚫어야 할 마지막 관문이 남아 있다. 바로 '브랜드 없음'이란 관문이다.

아무리 훌륭한 아이디어라 해도 그것이 제품 혹은 서비스의 모습으로 세상에 막상 나오면 '브랜드 없음'으로 인해 무명의 설움을 겪고 겪다가 결국 어느 창고에서 땡처리당할 수 있다. 아니, 그 아이디어는 땡처리 상황을 끝내 피하는 것이어야 한다. 그런 아이디어만 그 모든 지난한 과정을 살아남아 세상의 빛을 보고, 인정받을 수 있다.

위 다섯 가지 난관들이 '당연한 말 대잔치'를 한 것 같지만 의외로 기본을 무시하는 아이디어들이 너무나 많다. 그래서 그렇게 많고 많은 아이디어가 실패하는 것이다.

성공하고 싶다면 당신의 '반짝 아이디어'를 '골'로 만들어야 한다. 지금의 예산, 시간, 시장 상황, 경쟁, 무명의 설움을 고고히 뚫고 득점에 성공하는 '골' 말이다. 반짝 아이디어를 성숙하고 온전한 아이디어로 다듬고 익혀 내놓는 일을 우리는 '기획'이라 부른다. 건강한 아이디어의 탄생은 기획에서 시작된다.

배우기, 비우기, 치우기

① 채우며 배우기

　아는 그릇에 채울 때는

　계속 배우면 된다.

② 비우고 배우기

　낯선 것을 배울 때는

　아는 것을 비우고 배워야 한다.

③ 치우고 배우기

　아예 그릇을 바꿔야 할 때면

　채운 것은 비우고, 그릇은 치우고

　어린아이처럼 처음부터 배워야 한다.

① ② ③의 구분법을 배우지 못하면

배울수록 머리가 어지럽다.

'파이팅'보다 '생각하기'가 중요한 이유다.

우리가 디뎌야 할 유일한 자산

어느 주식 전문가의 자산론

한 주식 전문가가 이렇게 말하는 걸 들었다. "자동차가 10년 후에 더 비싸지나요? 부동산이 20년 후에 수십 배씩 오르나요? 수익률로 보면 장기적이고 전략적인 주식투자만 한 게 없어요. 트레이딩 같은 단타 놀이 말고요."

최근의 주식 열풍은 그 양상 면에서 옛날의 주식투자와 많이 다른 것 같다. '카더라 통신망'에서 주워들은 이야기로 부화뇌동 투자하는 개미가 여전히 많긴 하지만 그래도 옛날에 비해 요즘 투자자들은 비교할 수 없을 만치 똑똑해졌다.

'종이로 된 화폐를 연이율 몇 퍼센트도 안 되는 은행에 쌓아두는 게 미래를 위해 무슨 투자가 되겠냐'는 주장은 사실 우리가 둥

지 틀고 살아가는 이 자본주의적 환경에선 삼척동자도 이해할 수 있는 상식이 되었다. 자본은 은행을 끼고 있고, 은행은 이자를 받으며, 이자율만큼 전체 자본은 항상 늘어나니 결국 지속적으로 인플레가 오는 것은 당연한 이치니까.

우리 같은 창업자들이 소자본으로라도 사업에 뛰어든 것 또한 월급 받는 걸로만은 답이 없다는 결론 때문 아닌가.

그런데 일이 체질인 대부분의 우리에게 있어 금이나 부동산, 주식투자는 사실 하루 종일 붙들고 있을 일거리가 못 된다. 나만 해도 그렇다. 주식투자 좀 배워보겠다며 하루에 스무 번씩 앱을 들여다보던 시기가 있었으니까. 하지만 어느 날엔가 '온라인 주식투자가 없던 시절에 종일 객장에 나가 하염없이 시황판만 바라보다가 귀가하던 노인 투자자들과 내가 뭐가 다른가' 하는 현타가 와서 그만둬버렸다.

그렇다면 이런 의문에 봉착하지 않을 수 없다. 도대체 우리에게 필생의 힘을 다해 증식시켜야 할 자산이란 과연 무엇일까?

희소성이 사라진 시대

내가 처음으로 창업이란 걸 한 때는 1994년이었다. 연대 앞에 '노토'라는 이름의 외국어 학원을 차렸는데 당시 학원법에는 '실평수 100평이 되어야 한다'는 조항이 있었다. 기존 학원들이 로비로 만들어놓은 일종의 진입장벽이었다.

말이 쉬워 100평이지, 학원이 될 만한 시내 상업지구에 실평수로 100평이면 사실상 임대 공간의 규모는 170평쯤 되어야 한다. 1990년대 기준으로도 임대 보증금이 몇 억은 되어야 구할 수 있는 공간을 이제 막 서른에 접어든 청년이 구해서 창업을 하려 했으니 그 벽이 얼마나 높았겠나.

학원 사업을 하는 사람에게 있어 그 시절의 가장 큰 자산은 임대 보증금이었다. 임대 보증금이 있으면 자산이 있는 것이었고, 학원을 늘리려면 그 자산을 늘려가야 했다. 친인척의 주머니를 탈탈 털든 은행의 연줄을 동원하든(사업이 곧 연줄인 시대였으니까) 소상공, 중소기업, 대기업 할 것 없이 임대 보증금 확보는 곧 사업으로 들어가는 관문이요, 장사를 떠받치는 기반이었다.

공장으로 말하자면 부지와 기계 장치, 옷 장사로 말하자면 밀리오레나 이대 앞의 다섯 평짜리 미니 점포쯤에 해당했던 셈이다. 그런 생산 수단을 소유해야만 사업이 가능한 자본의 시대였던 것이다.

그런데 그 시대에 사업이라는 행위가 존재를 위해 디뎌야 했던 발판들의 공통점이 있다. 바로 희소성이다. 사실 희소하지 않다면 경쟁도 없을 테고, 경쟁이 없다면 사업도 아닐 것이다. 하지만 이젠 임대 보증금, 공장 부지, 점포 같은 발판들이 완전히 사라져 버린 시대가 되었다. 온라인 몰의 등장 때문이다.

사실 인간 사회에서의 가치는 각 시대의 희소한 것에 따라 변천해 왔다. 물자가 희소했던 시절엔 조지루시Zojirushi 밥솥이 금값이었고, 정보가 희소하던 때엔 종이신문이 신뢰성의 상징이었다. 광고가 희소했던 시대엔 글로만 이뤄진 설명 광고를 주요 일간지에 콩알 크기로 실어도 주문 전화가 폭주했다. 코딱지만 한 땅덩어리인 강남에선 그래서 아직도 집값이 고공행진 중이고, 중세 이래 딱 부러지는 연금술이 탄생하지 않은 결과로 금은 여전히 지구별 최고의 안전 자산이다.

하늘로 올라가버린 이야기의 멱살을 잡고 다시 우리 소상공인과 창업 준비자들이 살고 있는 지상으로 끌고 내려와 자문해보자. '그래서 결국 우리가 디뎌야 할 이 시대 최고의 자산'은 무엇일까.

말만 잘하면(이라 쓰고 '사업계획서만 잘 쓰면'이라고 읽는다) 어지간한 정부 지원금이나 벤처 투자금을 소액은 당길 수 있는 시대. 스스로를 알리고 싶다면 각종 SNS에서 일정 기간 관종 플레이를 해서 어느 정도는 알릴 수 있는 시대. 뭐라도 팔고 싶다면 각종 온라인 몰의 상세페이지를 작성해서 변변한 스토어 하나는 무자본으로 뚝딱 차릴 수 있는 시대.

그러니까 눈 씻고 봐도 '절대 희소성'을 발견할 수 없는 이 시대엔 대체 무엇이 진정한 '희소 자산'일까?

당신의 팬덤에 승부를 걸어라

결론부터 말하자면 그건 바로 고객의 애정이다. 시장의 고객 수는 정해져 있고 각 고객의 주의집중력도 그 양이 정해져 있는 유한 자산이다. 그리고 고객의 애정은 한층 더 희소한 한정 자산에 해당한다. 세상에서 물건 팔고 서비스 파는 이들에 대한 고객들의 애정을 다 그러모아 오크통에 담으면 그 통이 몇 개나 될까. 모르긴 몰라도 손가락으로 셀 만큼 희소하지 않을까.

"사랑합니다, 고객님"을 외치는 장사꾼을 분모로, 장사꾼을 사랑하는 고객의 마음을 분자로 놓고 나누기를 하면 그 답에서 소수점 이하로 몇 개의 0을 보게 될지 가늠이 안 된다. 고객의 애정은 그만큼 희소하다는 뜻이다.

우리 모두는 매일 누군가의 고객이 되고 있으니 생각해 보자. 고객의 입장에서 보자면, 세상엔 물건도 너무나 많고, 서비스도 넘치며, 정보도 신물나게 쏟아진다. 그런 세상에서 장사하는 누군가를 진정으로 응원하고 애정하는 마음이 당신에겐 있는가? 있다면 당신은 그 사람의 팬이다. 적어도 나는 그렇게 부른다.

BTS를 역사에 기록되게끔 만든 건 그들의 팬인 '아미'의 힘이다. 그리고 제품이나 서비스를 파는 당신에게 있어서의 '아미'는 당신에게 기억되고, 존중받고, 도움과 용기와 재미를 얻어 당신의 사업과 정체성을 사랑하는 극소수의 고객이다.

쉽게 마음 주지 않는 대부분의 고객 중 지금 진정 당신을 아끼고 피드백을 서슴지 않는 그 한 줌의 고객들, 그들이 당신의 팬임을 기억하자. 그 팬만이 21세기 풍요의 시대, 너무나 풍요해서 웬만한 품질이나 광고로는 씨도 안 먹히는 시대를 살아가는 우리 장사꾼들의 마지막 승부처라고 나는 확신한다. 목숨 걸어 확보하고 지켜내며 증식시켜야 할 오늘의 자산, 당신의 울타리에서 물 주고 거름 주고 사랑의 눈길을 쏟아야 할 그 몇 안 되는 씨앗. 그 팬덤의 유무에 당신 사업의 미래가 달려 있다.

내게 오는 길을 꽃단장하자

시장을 개척하라?

대기업에서 능력을 인정받은 지인들에게 사다리필름의 현 상황을 브리핑해 줄 때가 종종 있다. 그때마다 지인들은 하나같이 이렇게 말한다. "시장을 개척해야지."

실력도 좋고, 교육영상 전문 기업으로서의 포트폴리오도 충분히 쌓은 데다 중소기업으로서의 시스템도 갖췄으니 이젠 시장 개척만 하면 된다는 뜻이겠다. 그 말대로 갖춰야 할 건 다 갖췄으니 우리 회사와 제품을 알릴 일만 남은 걸까?

아니다. 그렇지 않다. 우리에게 남은 일은 우리를 알고 싶지도 않아 하는 시장에 알리러 나가는 게 아니라, 시장이 먼저 우리에 대해 알려고 할 때 충분히 알게 할 수 있도록 꽃단장하는 일이다.

길이 없던 곳에 길을 내다

'모든 길은 로마로 통한다'는 말이 있다. 그렇다면 로마가 세계를 향해 길을 냈다는 것일까? 그렇다. 정벌과 개척의 통로는 로마에서부터 세계로 뚫려 나갔다. 로마의 거대한 힘과 찬란한 문화를 모르고 있던 야만민족들을 복속시키기 위해 로마는 길이 없던 곳, 그래서 문명이 없던 곳에 길을 뚫었다. 그리고 도로 건설을 매개로 유럽 전역을 개척했다.

그 길로 인해 멀고 멀었던 오지들은 로마의 텃밭이 되었고 공간도 압축되었으며, 그 결과로 흘러든 여러 문화는 제국의 문명을 더욱 꽃피운 자양분이 되었다. 그리고 그 한 시대 전, 그러니까 부족들만 존재하던 시대엔 말이 교통수단으로 인류 문명사에 처음 등장했고, 말이 더해준 이동 속도는 공간을 압축시켜 부족들의 연합국가를 탄생시켰다.

요약하자면 말의 속도가 인간들의 공간을 한 번 압축했고, 로마가 만든 포장도로가 그 공간을 다시 한 번 압축시켰다. 그 압축된 공간 속에서 로마는 영원(히 기억되는)한 제국을 건설했다.

그런데 말과 도로, 기차와 비행기로 공간 압축에 의한 개척을 반복하던 인류가 더 이상은 그럴 수 없는 지경에 도달했다. 개척할 곳이 남아 있지 않을 정도로 개개인의 안방과 사생활 속까지 길을 뚫어 사람 사이의 공간을 극도로 밀집시킨 것이다. 인터넷과 SNS라는 도구 덕 혹은 탓에 말이다.

개척은 길이 없던 곳에 길을 뚫는다는 것과 같은 말이고, 더 이상 개척할 곳이 없다는 건 개척의 시대가 이미 저물었다는 뜻이다. 그렇기에 이 시대의 마케팅, 현 시대의 영업은 더 이상 '네게 가는 길'을 개척하는 일이 아니라 그 반대다. 이미 있는 간선도로에서 우리집까지 들어오는 진입로, 즉 '내게 오는 길'을 닦는 일이란 의미다.

사람들은 이제 더 이상 정복되고 개척될 대상이 아니다. 좌판을 조그맣게 차려두고 수줍게 손님을 기다리던 상인들의 전성시대, 혹은 무례하게 대문을 쾅쾅 두드리고선 물어보지도 않은 정보를 쏟아놓던 방문판매 시대는 이미 저물었다.

지금의 시장은 세계를 단위로 하여 과밀할 정도로 조직되고 연결되었다. 이런 세상에서 우리는 과거에 풀 마케팅pull marketing이라 불렸던 방식, 즉 제품과 서비스를 가만히 둔 채 사람들이 찾아오길 기다렸던 마케팅 방식을 확장시켜야 한다. 바꿔 말하면 물량 공세를 바탕으로 공격적인 마케팅을 펼쳐 브랜드 인지도를 높이는 푸시 마케팅push marketing 방식이 힘을 잃었다는 뜻도 된다.

그럼에도 사람들은 여전히 사업만 시작했다 하면 '적극적으로 시장을 개척해야 한다'느니 말한다. 변한 세상에 개인으로는 이미 적응해 살면서도, 또 폭력적인 스팸메일이나 전화를 혐오하면서도, 자신이 상인이 되는 순간엔 19세기의 푸시 마케팅으로 타임머신을 타고 순간이동을 하는 것이다. 그리고 그게 당연하다는 듯 조언도 하고 말이다.

나만의 골목을 만들어라

사다리필름은 지난 몇 년 동안 단 한 번도 돈 들여 무엇을 '푸시'한 적이 없다. 2023년 들어 처음으로 영상 광고에 약간의 돈을 (시험적으로) 써봤을 뿐이다. 물론 광고 무용론을 주장하려는 것은 아니다. 단지 광고나 홍보의 개념이 '사람들이 나를 검색할 그때 최대한 매력적으로 보이게끔, 내게 오는 길을 편리하고 아름답게 단장한다'는 개념으로 변해야 한다는 것이다.

앞서 이야기한 바 있듯, 사다리필름에 홍보나 광고 관련 영상을 문의하러 오는 창업자들의 90퍼센트는 공통적으로 이렇게 이야기한다. "우리 제품은 최고인데 단지 홍보가 잘 안 되어 있다"라고. 죄송한 말씀을 드리자면 그건 사실이 아니다.

충분한 품질은 필요조건이고, 개성을 갖추는 것은 충분조건이다. 그리고 품질과 개성이 전부 갖춰진 상태에서는 끈기를 가지고 '고객이 오는 길'을 닦아야 한다. 그 길에는 페이스북 페이지, 인스타그램 계정 블로그, 브런치의 글 그리고 필수적으로 유튜브 채널의 콘텐츠들 모두가 포함된다.

이런 이야기를 해드리면 다들 마음이 급해져, 돈을 얼마 투자해서 한두 달 정도의 단기간에 콘텐츠를 만들어 넣겠다고 한다. 그래서 다시 말씀드린다. 요즘 사람들은 더 이상 광고를 안 보니 적어도 1년 반은 걸릴 거라고, 그러니 차분히 하라고.

요즘의 우리는 간선도로에 즐비한 간판들엔 눈과 귀를 닫고, 대신 고즈넉한 인사동 뒷골목의 인간적 분위기엔 오감을 다 열어

느끼려 한다. 그러니 우리 또한 그런 골목을 꾸며야 한다. 세상 어디에도 없는 나만의 골목, 나와 같은 취향을 가진 소수만 들어오는 골목을. 그런 골목이 싫은 분들껜 가시는 걸음걸음마다 영변의 약산 진달래꽃을 뿌려드리면 된다.

나 보기가 역겨운 고객이 있다는 건 나를 숭앙하는 고객도 반드시 있다는 뜻이 된다. 그런 고객만 찾는 길을 닦자.

단열단상

무엇을 딛고 사는가

택시를 탈 때
오늘 사고가 나진 않을까 불안해하거나
길을 걸어갈 때
싱크홀이 뚫리진 않을까 염려하지 않으며
우리가 매일매일을 사는 건
그럴 리 없어서가 아니라
안 그럴 거라 믿기 때문이다.
우리는 하루에도 수백 건의
믿음의 발걸음을 내디딘다.
모든 것이 검증되고
모든 것으로부터 안전한 곳은
무덤뿐이다.

인생은 투 트랙

초판 1쇄 발행 2023년 7월 17일

지은이 | 문단열
펴낸이 | 송영석

주간 | 이혜진
편집장 | 박신애 **기획편집** | 최예은 · 조아혜
디자인 | 박윤정 · 유보람
마케팅 | 김유종 · 한승민
관리 | 송우석 · 전지연 · 채경민

펴낸곳 | (株)해냄출판사
등록번호 | 제10-229호
등록일자 | 1988년 5월 11일(설립일자 | 1983년 6월 24일)

04042 서울시 마포구 잔다리로 30 해냄빌딩 5 · 6층
대표전화 | 326-1600 **팩스** | 326-1624
홈페이지 | www.hainaim.com

ISBN 979-11-6714-063-0